新訂版

教員になりたい
学生のためのテキスト

特別支援教育

監修 京都教育大学教育創生リージョナルセンター機構
総合教育臨床センター
（特別支援教育臨床実践拠点・学びサポート室）

編集・執筆
相澤雅文・榊原久直・鈴木英太

JN096748

SPECIAL EDUCATIONAL NEEDS
Kyoto University of Education
Masafumi Aizawa, Hisanao Sakakihara, Eita Suzuki

クリエイツかもがわ
CREATES KAMOGAWA

はじめに

　2007（平成19）年度に「特殊教育」から「特別支援教育」への転換が図られてから十数年の歳月を経た。少子化が進む一方で、特別な教育的ニーズのある幼児児童生徒は増加の一途をたどっている。

　多様化した特別な教育的ニーズのある幼児児童生徒の理解と支援は、教育関係者にとって喫緊の課題である。2017(平成29)年に教育職員免許法及び教育職員免許法施行規則が改訂され、教職課程の「教育の基礎的理解に関する科目」群に、「特別の支援を必要とする幼児、児童及び生徒に対する理解（1 単位以上修得）」が組み込まれた。教職課程において「特別支援教育」の学修が必修科目として設定されたことは、その具体的取組の一端であろう。

　幼稚園教育要領、小学校・中学校・高等学校の学習指導要領の総則では、幼児児童生徒の発達を支える指導の充実が明文化された。通常の学校においても「個別の教育支援計画」や「個別の指導計画」を作成して効果的に活用することや、学習指導要領の各教科において学習上の困難に応じた指導の工夫を行うことが具体的に示されたのである。

　特別支援教育（Special Needs Education）というと、何かしら「特別」のことを行うかのような印象を受け、時に「特別か、特別でないか」とのことが議論される。Special Needs とは一人ひとりの個別に異なるニーズに対応することである。中央教育審議会初等中等教育分科会教育課程部会の「教育課程部会における審議のまとめ」（2021）では、「『指導の個別化』と『学習の個性化』を教師視点から整理した概念が『個に応じた指導』であり、この『個に応じた指導』を学習者視点から整理した概念が『個別最適な学び』」としている。さらには「子供が『個別最適な学び』を進められるよう、教師が専門職としての知見を活用」することが求められているのである。

　今日では、古くから認知されてきた視覚障害、聴覚障害、肢体不自由、病弱・虚弱、知的障害、特別支援教育によりその理解が広がった限局性学習症、注意欠如／多動症、自閉スペクトラム症、そして外国につながる子ども、LGBTQ、貧困など、特別な教育的ニーズの対象は広がっている。2024（令和 6 ）年4月からは「障害者差別解消法」が改正され、個人事業者（私立の幼稚園、保育園、学校など）に対しても合理的配慮が義務化となる。特別な教育的ニーズの多様化に対応するための知識・理解は教員の基礎的基本的な専門性としてより重要性が増している。

　本書は、教員養成大学で教鞭を取ってきたスタッフがわかりやすく特別な教育的ニーズへの理解と支援のあり方について解説している。また、新しい試みとして、より詳しい内容にリンクする二次元バーコードを取り入れている。教員を目指す学生のみならず教育関係者、保護者の皆様にもお読みいただきたい一冊である。

編集・執筆者を代表して　相澤雅文

CONTENTS

第 1 章

特別支援教育の理念

> **達成目標** 特別支援教育の法制度および
> 理念について理解する。

1 特別支援教育とは

特別支援教育という用語は、2003（平成15）年に示された「今後の特別支援教育の在り方について（最終報告）」において用いられた。この報告書には、これまで、障害の程度等に応じ特別の場で指導してきた特殊教育体制から、障害のある児童生徒の教育的ニーズを的確に把握し、柔軟に教育的支援を実施する特別支援教育体制へと転換を図る必要性が示された。報告書では、特別支援教育について、以下のように述べている。

> 特別支援教育とは、これまでの特殊教育の対象の障害だけでなく、その対象でなかったLD、ADHD、高機能自閉症も含めて障害のある児童生徒に対してその一人一人の教育的ニーズを把握し、当該児童生徒の持てる力を高め、生活や学習上の困難を改善又は克服するために、適切な教育を通じて必要な支援を行うものと言うことができる。

上述したように特別支援教育とは、発達障害のある児童生徒を対象とした教育ではない。特殊教育の時代から対象としてきた通級による指導、特別支援学級、特別支援学校で対応していた児童生徒を対象として含むものであり、特別な教育の場に限定せずに障害のある児童生徒の教育的ニーズに対応した教育を行うという理念に基づいたものである。

2 特別支援教育に関わる法令の改正と学習指導要領の改訂

　特別支援教育に関わる法令には、「学校教育法」「学校教育法施行令」「学校教育法施行規則」などがある。「学校教育法」には、特別支援学校の目的や役割（第七十二条、第七十四条）、寄宿舎の設置（第七十八条、第七十九条）、特別支援学級の設置、目的と対象（第八十条、第八十一条）など、「学校教育法施行令」には、就学や転学に関する条項（第五条、第六条、第十一条、第十二条、第十八条の二など）や特別支援学校の対象となる幼児児童生徒の程度（第二十二条の三）など、「学校教育法施行規則」には、特別支援学校や寄宿舎の学級編成や体制、特別支援学校、特別支援学級、通級による指導教育課程等の教育課程（第百十八条から第百四十一条）などが規定されている。

　「特別支援教育を推進するための制度の在り方について（答申）」で提言された見直しとして、学校教育法において盲学校、聾学校、養護学校は、障害種別を超えた特別支援学校となることが示され、同法律の第七十二条では特別支援学校が幼稚園、小学校、中学校、高等学校及び中等教育学校に在籍する障害のある児童生徒等の教育について助言または援助を行うよう努める役割が付加された。加えて、第八十一条には、幼稚園、小学校、中学校、高等学校及び中等教育学校が特別支援学級に在籍する幼児児童生徒だけでなく、教育上特別の支援を必要とする幼児児童生徒に対して障害による学習上または生活上の困難を克服するための教育を行う旨の条項が示された。

　2012（平成24）年7月、文部科学省から「共生社会の形成に向けたインクルーシブ教育システム構築のための特別支援教育の推進（報告）」において、就学先決定のあり方が見直され、「学校教育法施行令」の一部改正が示された。改正された第五条では、改正前は、特別支援学校の就学基準に該当する子どもは、特別支援学校に就学することが原則とされていた内容が、特別支援学校に就学する者は「認定特別支援学校就学者」であり、本人の「障害の状態」と「教育上必要な支援内容」「地域における教育の体制の整備の状況その他の事情」を勘案して、特別支援学校への就学を認めるという内容となっている。また、第六条の三や第十二条の二では、転学について同様の条項が示されている。なお、第十八条の二には就学や転学に際して、「保護者及び教育学、医学、心理学その他の障害のある児童生徒等の就学に関する専門的知識を有する者の意見を聴くものとする」という条文がある。

「学校教育法施行規則」では、通常の学級に在籍する児童生徒で、通級による指導において対象として含まれていなかった学習障害者や注意欠陥多動性障害者、自閉症者をその対象として明記した（2007〈平成19〉年4月施行）。その後、2016（平成28）年には、「高等学校における通級による指導の制度化及び充実方策について（高等学校における特別支援教育の推進に関する調査研究協力者会議報告）」がまとめられ、高等学校においても通級による指導が開始されることとなり、同施行規則の百四十条は「小学校、中学校若しくは義務教育学校又は中等教育学校の前期課程において、……」から、「小学校、中学校、義務教育学校、高等学校又は中等教育学校において、……」と改正されている。

　2017（平成29）年4月に公示された特別支援学校の学習指導要領では、障害のある子どもの学びの柔軟性を踏まえるために、特別支援学校の教育課程と幼稚園、小学校、中学校、高等学校の学習指導要領の連続性を重視した改訂が行われている。「重複障害者等に関する教育課程の取扱い」には、当該学年の各教科及び外国語活動の目標及び内容に関する事項の一部を取り扱わないことができることや、各教科及び道徳科の目標及び内容に関する事項を前各学年の目標及び内容に替えることができることなど基本的な考え方が示された。知的障害のある児童生徒の各教科の目標や内容についても、中学部に二つの段階を新設し、小・中学部の各段階に目標を設定する、小学部の教育課程に外国語活動を設けることができるようにする、必要がある場合には小学校等の学習指導要領の各教科の目標及び内容を参考に指導できるようにするなど、幼稚園や小学校、中学校とのつながりに留意したものである。

　同様に、小学校、中学校等の学習指導要領の総則において、「特別な配慮を必要とする児童（生徒）への指導」の項を設け、特別支援学校等の助言又は援助を活用し、個々の児童の障害の状態等に応じた指導内容や指導方法の工夫を組織的かつ計画的に行う、特別支援学級や通級による指導において自立活動の内容を取り入れる、特別支援学級では児童の実態に応じた教育課程を編成する（知的障害者である児童に対する教育を行う特別支援学校の各教科に替えたりするなど）、個別の教育支援計画や個別の指導計画を作成・活用するなど特別支援に関する記述が増加した。加えて学習指導要領解説においては、障害のある児童（生徒）への配慮につい

学校教育法

学校教育法施行令

学校教育法施行規則

ての事項として、合理的配慮の例なども示されている。

3 障害をどのように捉えるか
──ICFにおける障害の捉え方

　1970年代から世界保健機関（WHO）において障害の分類法について検討が行われ、1980（昭和55）年に国際障害分類（International Classification of Impairments, Disabilities and Handicaps: ICIDH）が刊行された。国際障害分類の概念図を図1-1に示した。

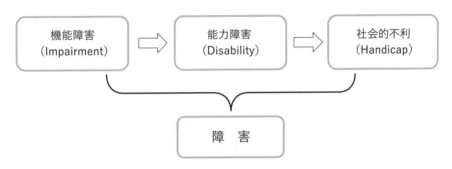

図1-1）ICIDH（国際障害分類）の概念図

　機能障害とは生物レベルで捉えた心身構造や機能の損傷や不全である。具体例をあげると「骨折」は機能障害に該当する。能力障害は、機能障害の発生に伴い「〜できない」という状態となる。たとえば、「走ることができない」という状態は能力障害にあたる。そして社会的不利とは、能力障害が原因となって社会生活上の実質的な不利益を被る状態を指す。たとえば、「（障害を理由として）解雇される」状況は社会的不利となる。国際障害分類では、障害を機能障害、能力障害、社会的不利の三つの次元で捉えることによって、障害を階層的に捉えているところにある。

　その後、WHOにおいて国際障害分類の改定版である国際生活機能分類（以下、ICFと記す）が、2001（平成13）年5月に採択された（障害者福祉研究会, 2002）。ICFも、国際障害分類と同様に障害の状態像を「心身機能・身体構造」「活動」「参加」といった三つの次元から捉える。国際障害分類との違いの一つは、障害というマイナス面だけでなく、プラスの面も捉えること、背景因子として個人因子と環境因子を加えてモデル化していることなどである。心身機能とは、心理的機能を含む

身体系の生理的機能のことであり、身体構造とは、器官・肢体とその構成部分などの、身体の解剖学的部分のことを示す。活動や参加は、前者が課題や行為の個人による遂行を示し、後者が生活・人生場面への関わりである。もう少し簡単にいえば、活動とは個人でできること、できないこと（能力）を示し、参加とは個人レベルではなく、他者や社会との関わりの中でできていること、できていないこと（実行状況）ということである。さらに、個人でできること、できないことと他者や社会との関わりの中でできていること、できていないことは必ずしも同じではなく、環境因子や個人因子との関わりがあると考える。たとえば、一人で車椅子を利用して移動できる場合であっても、自宅周辺の道が狭く車道と歩道が分かれていなかったり、車が多く一人で移動するのが危険であったりするなどの場合、外出することは一人でできないかもしれない。一方、一人で車椅子を操作できなくても、支援してくれる人がいれば外出することは可能ということにもなる。さらに、これらの状態像は、それぞれ関連し合っており、環境因子や個人因子との関連によって変わりうるものであると考えている。

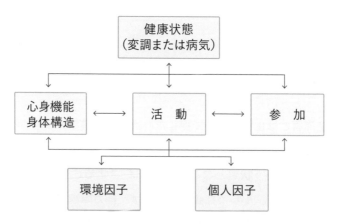

図1-2）ICF（国際生活機能分類）における障害の捉え方

　つまり、ICFは障害を個人レベルの問題として捉えるのではなく、他者や社会との関係を含めて捉えるものであり、その人のライフスタイルや習慣、生育歴、対処方法、性格などの個人的な要因や身近な人や事物、社会の制度や構造、周囲の人の態度などの環境的な要因によっては、生活の中でできること、できないことが変わるという見方である。

ICF と合理的配慮

〔1〕合理的配慮の意味と法的根拠

　前述したようなICFの理念は、日本の法令にも取り入れられている。2011（平成23）年に改正・施行された「障害者基本法」では、障害についての定義を

第二条

一　障害者　身体障害、知的障害、精神障害（発達障害を含む。）その他の心身の機能の障害（以下「障害」と総称する。）がある者であって、障害及び社会的障壁により継続的に日常生活又は社会生活に相当な制限を受ける状態にあるものをいう。

二　社会的障壁　障害がある者にとって日常生活又は社会生活を営む上で障壁となるような社会における事物、制度、慣行、観念その他一切のものをいう。

のように示した。障害者を心身の機能の障害に加えて、社会的障壁があることにより、生活することが難しい状態にあるものとして定義づけたことは、ICFの障害の捉え方に強く影響されたものである。また、社会的障壁を「日常生活又は社会生活を営む上で障壁となるような社会における事物、制度、慣行、観念その他一切のもの」と定義づけており、これはICFでいう環境因子における阻害要因と同等の意味である。

　また第四条には、以下の条項が新設された。

第四条　何人も、障害者に対して、障害を理由として、差別することその他の権利利益を侵害する行為をしてはならない。

2　社会的障壁の除去は、それを必要としている障害者が現に存し、かつ、その実施に伴う負担が過重でないときは、それを怠ることによって前項の規定に違反することとならないよう、その実施について必要かつ合理的な配慮がされなければならない。

　同様に、新しい法律として、2016（平成28）年から施行された「障害を理由とする差別の解消の推進に関する法律」においても、差別解消の推進と合理的配慮の提供が強調されている。本法律では合理的配慮の提供について、

第三章　行政機関等及び事業者における障害を理由とする差別を解消するための措置

（行政機関等における障害を理由とする差別の禁止）

第七条　行政機関等は、その事務又は事業を行うに当たり、障害を理由として障害者でない者と不当な差別的取扱いをすることにより、障害者の権利利益を侵害してはならない。

2　行政機関等は、その事務又は事業を行うに当たり、障害者から現に社会的障壁の除去を必要としている旨の意思の表明があった場合において、その実施に伴う負担が過重でないときは、障害者の権利利益を侵害することとならないよう、当該障害者の性別、年齢及び障害の状態に応じて、社会的障壁の除去の実施について必要かつ合理的な配慮をしなければならない。

などと定めた。つまり、合理的配慮の提供は、生活する上での社会的障壁となる事柄があることで、障害のある人が能力を発揮できない状態を解消することであり、障害のある人が障害による不利益を被らないための配慮、言い換えると障害のない人との関係において平等な機会を得るために必要な対応であるといえる。

〔2〕学校教育における合理的配慮と特別な支援

　学校教育において合理的配慮を考える際には、「基礎的環境整備」の状況によって、提供される「合理的配慮」は異なるとされている（文部科学省，2012）。基礎的環境整備とは、国、都道府県、市町村が行うものであり、基礎的環境整備の内容には、ネットワークの形成・連続性のある多様な学びの場の活用、専門性のある指導体制の確保、個別の教育支援計画や個別の指導計画の作成等による指導、教材の確保、施設・設備の整備、専門性のある教員、支援員等の人的配置、個に応じた指導や学びの場の設定等による特別な指導などがある（文部科学省，2012）。基礎的環境整備がどの程度整っているかによって提供可能な合理的配慮が異なるということができる。

　初等・中等教育段階での合理的配慮に関する留意点は、「合理的配慮は、障害者がその能力を可能な最大限度まで発達させ、自由な社会に効果的に参加することを可能とするとの目的の下、障害のある者と障害のない者が共に学ぶ仕組みであるインクルーシブ教育システムの理念に照らし、その障害のある幼児、児童及び生徒が

十分な教育が受けられるために提供できているかという観点から評価することが重要である」と記されている（文部科学省，2015）。また、通級による指導、特別支援学級、特別支援学校の設置は、子ども一人ひとりの学習権を保障する観点から多様な学びの場の確保のため基礎的環境整備として行われていて、それぞれの学習の場で必要かつ適当な変更・調整を行うことが必要であること、合理的配慮は、それぞれの学びの場における基礎的環境整備の違いにより異なることも指摘されている（文部科学省，2015）。つまり、合理的配慮は、通常の学級だけでなく、通級による指導、特別支援学級、特別支援学校においても必要な配慮であるとしている。

　表1-1に、初等・中等教育における合理的配慮として示されている観点と配慮例の概要を示した（文部科学省，2012）。ここに示されている例は、通常の学級、通級による指導、特別支援学級、特別支援学校別に示されているものではないことに留意する必要がある。たとえば、特別支援学校の学習指導要領では、自立活動を教育課程に加えること、教科や外国語活動等についても下学年もしくは下学部の内容に替えることができるなど、障害の状態によって柔軟に目標や内容を取り扱うことが可能となっている。また、通級による指導や特別支援学級においては、自立活動を実施することが定められており、特別支援学校と同様に教育内容の変更・調整が可能である。しかしながら、通常の学級における大幅な教育内容や目標の変更は合理的配慮を超えた対応となるだろう。

　先に示したように、合理的配慮は障害のある人が能力を発揮できない状態を解消するためのものであり、障害のある人が有する力を発揮できるようにするためのものである。しかしながら、初等・中等教育段階では、有する能力を発揮するという観点だけでなく、能力を可能な最大限度まで発達させるという観点も重要となる。そのため、合理的配慮の提供だけにとどまらず、子どもの教育的ニーズに応じた特別な支援も求められることになる。必要となる特別な支援については、通級による指導、特別支援学級、特別支援学校といった教育の場においてできることも含めて検討する必要がある。

表1-1）合理的配慮の観点とその概要

	観 点	概 要
教育内容	学習上又は生活上の困難を改善・克服するための配慮	個性や障害の特性に応じて、必要な知識、技能、態度、習慣を身につけられるよう支援すること。
	学習内容の変更・調整	認知の特性、身体の動き等に応じて、具体の学習活動の内容や量、評価の方法等を工夫したり、学習過程において人間関係を広げることや自己選択・自己判断の機会を増やしたりすること等。
教育方法	情報・コミュニケーション及び教材の配慮	障害の状態等に応じた情報保障やコミュニケーションの方法について配慮すること、教材（ICT及び補助用具を含む）を活用すること等。
	学習機会や体験の確保	学習機会や体験を確保する方法を工夫すること、入学試験やその他の試験において配慮すること等。
	心理面・健康面の配慮	学習に見通しがもてるようにしたり、周囲の状況を判断できるようにしたりすることや学習内容・方法を柔軟に調整し、不安感や孤独感を解消し自己肯定感を高めるように配慮すること等。
支援体制	専門性のある指導体制の整備	学校全体として専門性のある指導体制を確保することに努める。学校内外の関係者の共通理解を図るとともに、役割分担を行う。適切な人的配置（支援員等）を行う。
	幼児児童生徒、教職員、保護者、地域の理解啓発を図るための配慮	周囲の幼児児童生徒の理解啓発や保護者、地域に対しても理解啓発を図るための活動を行う。
	災害時等の支援体制の整備	危機の予測、避難方法、災害時の人的体制等、災害時体制マニュアルを整備する。
施設・設備	校内環境のバリアフリー化	スロープや手すり、エレベーター等について施設の整備を計画する際に配慮する。計画的にバリアフリー化を推進できるよう配慮する。
	発達、障害の状態及び特性等に応じた指導ができる施設・設備の配慮	必要に応じて様々な教育機器等の導入や施設の整備を行う。わかりやすさ等に配慮を行うとともに、日照、室温、音の影響等に配慮する。
	災害時等への対応に必要な施設・設備の配慮	災害時等への対応のため、障害の状態等に応じた施設・設備を整備する。

〔文部科学省（2012）合理的配慮等環境整備検討ワーキンググループ報告—学校における「合理的配慮」の観点—をもとに筆者改変〕

注）医学の分野では学習障害を限局性学習症、ADHDを注意欠如／多動症等のように名称が変更されているが、本章では原文のままLDもしくは学習障害、ADHDもしくは注意欠陥多動性障害を用いている。

> 課題
>
> ● 小学校もしくは中学校の学習指導要領解説において、どのような合理的配慮の例が記述されているか調べてみよう。
> ● 障害のある幼児児童生徒の教育について、合理的配慮と特別な支援の違いがどこにあるのか考えてみよう。

（佐藤　克敏）

〈文献等〉
・文部科学省（2003）今後の特別支援教育の在り方について（最終報告）
・文部科学省（2012）共生社会の形成に向けたインクルーシブ教育システム構築のための特別支援教育の推進（報告）
・文部科学省（2012）合理的配慮等環境整備検討ワーキンググループ報告―学校における「合理的配慮」の観点―
・文部科学省（2015）文部科学省所管事業分野における障害を理由とする差別の解消の推進に関する対応指針
・文部科学省（2017）特別支援学校幼稚部教育要領　小学部・中学部学習指導要領（平成29年告示）
・文部科学省（2017）小学校学習指導要領（平成29年告示）
・文部科学省（2017）中学校学習指導要領（平成29年告示）
・障害者福祉研究会編集（2002）『国際生活機能分類（ICF）―国際障害分類改定版』中央法規

コラム❶ 医学モデル（個人モデル）と社会モデル

　近年は障害を社会モデルの視点から捉えることが求められるようになってきました。第1章で紹介した障害者基本法の障害者の定義に含まれる「社会的障壁により継続的に日常生活又は社会生活に相当な制限を受ける状態にある」という文は社会モデルの視点を取り入れた定義となります。障害者白書（内閣府, 2023）では、「障害者が日常生活又は社会生活で受ける様々な制限は、心身の機能の障害のみに起因するものではなく、社会における様々な障壁と相対することによって生じるものという考え方」を社会モデル、「障害は個人の心身の機能の障害によるものであるという考え」を医学モデル（個人モデルということもある）として説明しています。

　もう少し説明を加えてみましょう。日本の障害者手帳は医学モデルに基づいて評価・判定されることにより交付されるものです。たとえば、身体障害者手帳は視力や視野など視覚機能に障害があると判定されれば手帳が交付されます。知的障害であれば、個別式の知能検査や適応検査および聞き取りや行動観察等の資料と医者の臨床的判断から知的障害と診断・判定されれば手帳が交付されます。障害があれば手帳が交付され、福祉サービスを受けることができたり、年金が支給されたりします。

　一方合理的配慮は、社会モデルが提供するための根拠となっています。障害者基本法が示しているように、合理的配慮の提供とは障害となっている社会的障壁を除去することです。前述の障害者白書には車椅子の利用者のイラストを用いて、階段が障壁であり、階段があることで2階に上がれないという障害を生じさせるが、エレベーターを設置すると2階に上がれるので障害がなくなるという事象を用いて社会モデルの考え方を説明しています。

　あれ？　ちょっと考えてみてください。合理的配慮は社会モデルに基づく対応です。しかし合理的配慮は、障害のある人が障害による不利益を被らないための配慮であるので、障害がある人かどうかを判断するために、医療機関の診断や障害者手帳があるかどうかを用いるかもしれません。理屈としてはわかる気もしますが、なんとなくモヤモヤ感があります。これからは、社会モデルに基づいてニーズを把握することをもっと考えてみてもいいのかもしれません。

〈文献等〉
・内閣府（2023）令和5年版障害者白書

第2章

特別支援教育の仕組み

達成目標 インクルーシブ教育システムおよび特別支援教育体制の支援の仕組みについて理解する。

1 特別支援教育体制

〔1〕 特別支援教育の支援体制概略

　特別支援教育は、特別な教育の場に限定しないで障害のある児童生徒の教育的ニーズに対応した教育を行うという理念に基づいたものであり、特別支援教育支援体制整備は、校内委員会の設置や特別支援教育コーディネーターの配置などの体制のハード面、個別の教育支援計画や個別の指導計画の作成と活用といったソフト面から推進されてきた。

　図2-1に支援体制の全体像を示した。小・中学校（幼稚園や高等学校も含む）とそれを支える地域、もしくは都道府県レベルの広域特別支援教育連携協議会が連携・協力することで、発達障害等の特別な教育的ニーズを示している児童生徒の支援を、担任が問題を抱え込むのではなく、学校・地域の校内外の様々な人や関係機関が連携・協力しながら対応するモデルが示されている。支援体制を整備することは、教職員や保護者もしくは学外の専門家が協同することによって、問題解決を図る仕組みの基盤をつくることを意味している。

　特別支援教育の取り組みから指摘されたことではないが、チーム学校ということもよくいわれるようになってきた。チーム学校は、2015（平成27）年の中央教育審議会の答申（文部科学省，2015）において取り上げられており、新しい時代に求められる資質・能力を育む教育課程を実現する、複雑化・多様化した問題を解決するためや子どもと向き合う時間を確保するための体制整備の観点から、専門職に

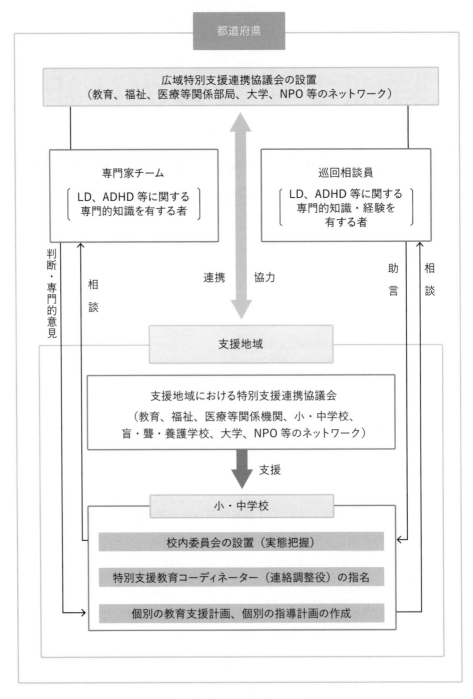

図2-1）支援体制の全体像

〔文部科学省（2004）小・中学校におけるLD（学習障害）、ADHD（注意欠陥／多動性障害）、高機能自閉症の児童生徒への教育支援体制の整備のためのガイドライン（試案）より引用〕

基づくチーム体制の構築、学校のマネジメント機能の強化、教員一人ひとりが力を発揮できるための環境整備の三つの視点をもって学校のマネジメントの転換を図ることを意図したものである。特別支援教育はもともと支援体制を整備しながら、関係者の連携・協力に基づく支援モデルの構築を目指してきたものであり、チーム学校の一つのモデルである。

　また、近年では域内の教育資源を組み合わせて児童生徒等のニーズに対応しようという考え方もあり、これはスクールクラスターといわれている。特別支援学級や通級指導教室などはすべての学校に設置されているわけではない。また、下記に示した特別支援教育支援員、スクールカウンセラーやスクールソーシャルワーカーなども同様である。これらの資源を学校単体で活用するのではなく、地域資源として連携・協力を図ることで地域としての支援体制を再構築するというものである。

〔2〕小学校・中学校等の校内支援体制

　幼稚園・小学校・中学校・高等学校等の校内支援体制の構成要素には、校内委員会の設置と活用、特別支援教育コーディネーターの指名・校務分掌への位置づけ、個別の教育支援計画の作成と活用などがある。

　校内支援体制を整備するためには、校長のリーダーシップと学校経営が重要となる。2017（平成29）年に文部科学省が示した「発達障害を含む障害のある幼児児童生徒に対する教育支援体制整備ガイドライン」には、学校経営上校長が念頭におくべき事項として以下のことを取り上げている。

①特別支援教育を学校全体として行うために必要な体制の構築
②特別支援教育に関する教員の専門性の向上
③特別支援教育についての児童等、保護者及び地域への理解啓発
④特別支援教育に関する外部の専門機関等との連携の推進

　また、そのために支援体制の構築において留意する点については、

①校内委員会を設置して、児童等の実態把握を行い、学校全体で支援する体制を整備する。
②特別支援教育コーディネーターを指名し、校務分掌に明確に位置付ける。
③個別の教育支援計画及び個別の指導計画の作成に努め、管理する。

④全ての教職員に対して、特別支援教育に関する校内研修を実施したり、校外での研修に参加させたりすることにより、専門性の向上に努める。通級担当教員、特別支援学級担任については、特別支援学校教諭免許状を未取得の教員に対して取得を促進するなど育成を図りつつ、特別支援教育に関する専門的な知識を特に有する教員を充てるよう努める。

⑤教員以外の専門スタッフの活用を行い、学校全体としての専門性を確保する。

⑥児童等に対する合理的配慮の提供について、合意形成に向けた本人・保護者との建設的対話を丁寧に行い、組織的に対応するための校内体制を整備する。

などが示されている。

　以下に校内委員会、特別支援教育コーディネーター、個別の教育支援計画と個別の指導計画、教員以外の専門スタッフの活用についての概略を示す。

〈校内委員会〉

　校内委員会は、障害のある幼児児童生徒の実態及び教育的ニーズの把握と支援内容の検討及びその評価などが主な役割である。構成員は、校長、教頭、主幹教諭、学年主任、対象の児童生徒が在籍する学級担任の他、教育相談担当教諭、養護教諭、特別支援学級担任、通級担当教員などにより構成される。また、幼児児童生徒の支援に関する内容の他にも、専門家チームに判断を求めるかどうかや校内研修の計画内容なども校内委員会で検討される。校内委員会は特別支援教育コーディネーターが主となって運営される。

〈特別支援教育コーディネーター〉

　特別支援教育コーディネーターは、校内委員会の企画・運営、学校内の関係者や関係機関との連絡・調整をしたり、保護者に対する学校の窓口となる役割を果たしたりする教員である。日本では校務分掌に位置づけて校長が指名していることが多い。また、学校に１人のコーディネーターを置くのではなく、複数名のコーディネーターを指名してチームで対応している例もある。特別支援教育コーディネーターは、学校内の教職員全体の特別支援教育に対する理解のもと、校内の協力体制を構築するとともに、関係機関との連携協力体制の整備を図ることが求められる。

　また、特別支援教育コーディネーターは通常の学校だけでなく、特別支援学校でも配置されている。特別支援学校の特別支援教育コーディネーターについては、近

年その重要性が指摘されており、スクールクラスターのマネージメントについての役割も期待されている（文部科学省，2023）。

〈個別の指導計画と個別の教育支援計画〉

　個別の指導計画は、個々の児童生徒の実態を的確に把握し、個々の実態に即した具体的な指導目標とその目標を達成するための指導の内容や方法を明確にし、日々の授業で活かしていくために作成するものである。適切な指導が行われているかどうかを検討するためには、単元や学期、年度ごとなど適宜評価を行い、見直すことが必要となる。個別の教育支援計画は、障害のある子どもを生涯にわたって支援する観点から、一人ひとりのニーズを把握して、関係者・機関の連携による適切な教育的支援を効果的に行うために、作成する計画である。個別の教育支援計画は、計画の中に合理的配慮の内容を明記することによって、提供された合理的配慮が適切に引き継がれるようにする役割も担っている。

　なお、地域の特別支援学校、特別支援学級、通級による指導では個別の指導計画と個別の教育支援計画を作成することが学習指導要領に明記され、学校教育法施行規則の第百三十四条の二、第百三十九条の二および第百四十一条の二においては、個別の教育支援計画を作成しなければいけないと示されている。また、通常の学級においても、学習指導要領において必要に応じて作成するように示されている。

通常の学級に在籍する障害のある児童生徒への支援の在り方に関する検討会議報告（文部科学省，2023）

〈教員以外の専門スタッフの活用〉

　教員以外の専門スタッフとして、「特別支援教育支援員」「スクールカウンセラー」「スクールソーシャルワーカー」などがいる。これらの教員以外の専門スタッフと連携・協力することで、校内の特別支援教育をより一層推進できる。それぞれの専門スタッフの役割は異なるため、児童生徒等の問題に応じて特別支援教育コーディネーターや学級担任を中心とした校内の連携体制を構築しておくことが重要となる。各専門スタッフの役割は以下のとおりである。

　特別支援教育支援員の役割は、特別な教育的ニーズのある幼児児童生徒の日常生活上の支援や学習支援、学習活動や教室間移動等の支援等の直接的な支援と、周囲の児童生徒等への理解の促進などの間接的な支援がある。学級担任や特別支援教育コーディネーターと連携・協力しながら支援を行うが、どのような支援を担当する

のかについては、個別の教育支援計画等に明記しておくことが重要となる。

　スクールカウンセラーは、児童生徒等や保護者のカウンセリングや児童生徒等を対象とした困難・ストレスへの対処方法等の教育プログラム、教員に対する心理カウンセリングやカウンセリングマインドに基づく児童生徒対応等の研修を実施するなどの役割を担っている。

　スクールソーシャルワーカーは、問題のある児童生徒等の家庭・友人関係・地域等の環境に関する情報を収集し、関係機関等とのネットワークを活用して環境に働きかけることで問題解決を図ることが求められている。スクールソーシャルワーカーは、地域の関係機関とのネットワークの構築・連携・調整、学校内におけるチーム体制の構築・支援、教職員等への研修などの役割を担っている。

チームとしての学校の在り方と
今後の改善方策について（答申）
（文部科学省，2015）

〔3〕地域における支援体制

　学校を支援するために、都道府県もしくは市町村レベルで円滑に連携・協力を行ったり、相談したりするための体制が構築されている。地域の支援体制に関わる主な構成要素には、特別支援教育連携協議会、専門家チーム、巡回相談などがある。

〈特別支援教育連携協議会〉

　特別支援教育連携協議会は、都道府県もしくは市町村レベルで設置されている教育、医療、保健、福祉、労働等の関係部局や機関と連携を円滑にするためのネットワーク構築の役割を担うものである。本協議会では、特別支援教育や障害者福祉等の施策に関する情報共有と検討、相談・支援のための施策の連携の調整や連携方策の検討などが行われる。

〈専門家チーム〉

　専門家チームは、都道府県または指定都市の教育委員会等に設置されていることが多く、数はそれほど多くないのが現状である。構成員は、専門的知識を有する、教育委員会の職員、特別支援教育担当教員、通常の学級の担当教員、心理学の専門家、医師等が考えられている。チームが学校（校内委員会）に示す専門的意見には、障害による困難に関する判断と、望ましい教育的対応についての専門的意見、校内支援体制についての指導・助言などがある。

〈巡回相談員〉

　巡回相談員は、小・中学校等を訪問して、授業を観察したり、コーディネーターと情報を交換したりしながら、児童生徒の実態を把握し、教員や保護者を支援する役割を果たす外部の専門家である。その他にも巡回相談員に期待される役割としては、小・中学校等の校内体制の整備に対する協力や助言、個別の教育支援計画等の作成への協力、専門家チームと学校との連携に関する援助などがある。特別支援学校に設置されている地域支援部など、センター的機能を担当する部署に所属する教員が巡回相談員として活動している例が多い。

　特別支援学校のセンター的機能とは、学校教育法の一部改正において明記された特別支援学校が有する小・中学校等の要請に応じて行う助言または援助を含むものである。センター的機能には、小・中学校等の教員への支援機能、特別支援教育に関する相談・情報提供機能、障害のある児童生徒等への指導・支援機能、関係機関等との連絡・調整機能、小・中学校等の教員に対する研修協力機能、障害のある児童生徒等への施設設備等の提供機能などが想定されている。先に示した特別支援学校の特別支援教育コーディネーター同様センター的機能の充実について検討することが求められている（文部科学省，2023）。

2　インクルーシブ教育システムとは

　日本がインクルーシブ教育システムを提唱するに至った背景には、2006（平成18）年の国連総会において「障害者の権利に関する条約」が採択され、2007（平成19）年に日本が本条約に署名したことが契機となっている。条約の第二十四条には、教育に関する条項として、「他の者との平等を基礎として、自己の生活する地域社会において、障害者を包容し、質が高く、かつ、無償の初等教育を享受することができること及び中等教育を享受することができること」「個人に必要とされる合理的配慮が提供されること」「学問的及び社会的な発達を最大にする環境において、完全な包容という目標に合致する効果的で個別化された支援措置がとられること」などが明記された。

　このような指摘を受け、日本ではこれまでの教育制度を見直すために、2012（平成24）年7月に、文部科学省から「共生社会の形成に向けたインクルーシブ教育システム構築のための特別支援教育の推進（報告）」が示された（文部科学省，

2012)。本報告書では、インクルーシブ教育システムについて、「同じ場で共に学ぶことを追求するとともに、個別の教育的ニーズのある幼児児童生徒に対して、自立と社会参加を見据えて、その時点で教育的ニーズに最も的確に応える指導を提供できる、多様で柔軟な仕組みを整備することが重要である」と指摘し、図2-2のようなインクルーシブ教育システムを提唱した。

　本報告書において示されたインクルーシブ教育システムとは、通常の学級で学ぶことを視野に置きながら、多様な幼児児童生徒の教育的ニーズに対応できる柔軟な仕組みの上に成り立つ教育システムであるといえる。

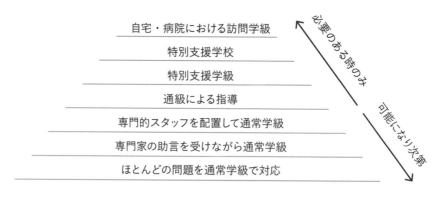

図2-2）インクルーシブ教育システムの模式図

〔文部科学省（2012）参考資料4：日本の義務教育段階の多様な学びの場の連続性より引用〕

　インクルーシブ教育システムは、図2-2に示したように通常の学級から訪問学級までの既存の仕組みを子どもの特別な教育的ニーズに対応できるようにより柔軟に活用するという意図がある。訪問学級が最上段にあり、上段に行くほど児童生徒等の特別な教育的ニーズが大きくなる。図の右に示されているように、必要のある時にはより上段の仕組みを活用し、可能になり次第通常の学級で対応するといった柔軟な仕組みをつくることによって、障害のある幼児児童生徒の教育を考えるというものである。各教育の場の特徴としては以下のようになる。

①訪問学級（訪問教育）
　訪問学級（訪問教育）とは、通学して教育を受けることが困難な児童生徒に対して、教員が家庭、児童福祉施設、医療機関等を訪問して行う教育を示す。障害の重い児童生徒や病気療養・入院中の児童生徒などが対象となる。

②特別支援学校

　特別支援学校では、幼稚園、小学校、中学校、高等学校に準ずる教育を行うとともに、障害に基づく種々の困難を改善・克服するために、「自立活動」という特別の指導領域が設けられている。また、子どもの障害の状態等に応じた弾力的な教育課程が編成できるようになっている。なお、知的障害者を教育する特別支援学校については、知的障害の特徴や学習上の特性などを踏まえた独自の教科及びその目標や内容が示されている。

③特別支援学級

　特別支援学級は、基本的には、小学校・中学校の学習指導要領に沿って教育が行われるが、子どもの実態に応じて、特別支援学校の学習指導要領を参考として特別の教育課程が編成できるようになっている。学習指導要領には、自立活動の内容を取り入れる、児童生徒の実態に応じて知的障害者である児童に対する教育を行う特別支援学校の各教科に替えたりする、個別の教育支援計画や個別の指導計画を作成・活用するといったことが明記されている。

④通級による指導

　通級による指導は、障害の状態に応じた特別の指導（自立活動の指導等）を特別の指導の場（通級指導教室）で行うことから、通常の学級の教育課程に加え、またはその一部に替えた特別の教育課程を編成することができるようになっている。通級による指導では教科の補充として教科内容を教えることも可能であるが、その際にも単に教科の指導を行うのではなく、自立活動の内容を踏まえた指導を行うことが求められている。新学習指導要領では、特別支援学級と同様に、個別の教育支援計画や個別の指導計画を作成・活用することなどが明記されている。

　なお、通常の学級での教育については、学習指導要領に示されているように「特別支援学校等の助言又は援助を活用し、個々の児童の障害の状態等に応じた指導内容や指導方法の工夫を組織的かつ計画的に行う」なども段階の一つとして想定されている（文部科学省，2017）。

課題	● 特別支援教育支援員、スクールカウンセラーもしくはスクールソーシャルワーカーについて調べ、特別支援教育において連携がどのような役割を果たすのかについて考えてみよう。 ● 「発達障害を含む障害のある幼児児童生徒に対する教育支援体制整備ガイドライン」（2017）を読み、担任が特別支援教育において果たす役割について考えてみよう。

（佐藤　克敏）

〈文献等〉
・文部科学省（2004）小・中学校におけるLD（学習障害）、ADHD（注意欠陥／多動性障害）、高機能自閉症の児童生徒への教育支援体制の整備のためのガイドライン（試案）
・文部科学省（2012）共生社会の形成に向けたインクルーシブ教育システム構築のための特別支援教育の推進（報告）
・文部科学省（2012）参考資料4：日本の義務教育段階の多様な学びの場の連続性
https://www.mext.go.jp/component/b_menu/shingi/toushin/__icsFiles/afieldfile/2012/07/23/1321672_1.pdf
・文部科学省（2015）チームとしての学校の在り方と今後の改善方策について（答申）
・文部科学省（2017）発達障害を含む障害のある幼児児童生徒に対する教育支援体制整備ガイドライン～発達障害等の可能性の段階から、教育的ニーズに気付き、支え、つなぐために～
・文部科学省（2017）小学校学習指導要領（平成29年告示）
・文部科学省（2023）通常の学級に在籍する障害のある児童生徒への支援の在り方に関する検討会議報告

コラム❷ 日本のインクルーシブ教育の現在地は？

　2022年10月に国際連合の障害者の権利に関する委員会から、日本の政府報告に関する所見が示されました。

　肯定的な側面としては、障害者情報アクセシビリティ・コミュニケーション施策推進法、障害を理由とする差別の解消の推進に関する法律の制定と改正法、合理的配慮指針、本条約の実施状況の監視を担う障害者政策委員会の設置など、障害者の権利を促進することを目指した政策の枠組みを設置するための措置として評価されています。

　しかし、懸念や勧告が示された事柄もあります。たとえば、一般原則および義務に関する懸念として、「障害者への温情主義的アプローチによる障害に関連する法制および政策と本条約に含まれる障害の人権モデルとの調和の欠如」や「障害手当及び障害の医学モデル（機能障害及び能力評価に基づく障害認定及び手帳制度を含む）の永続」などが取り上げられています。また、「心神喪失」「精神錯乱」「心身の故障」などの用語や「inclusive」「accessibility」などの用語に対する正確な和訳なども指摘されています。

　教育に関する条項の部分では、「障害のある児童への分離された特別教育が永続している」「障害者を包容する教育（インクルーシブ教育、以下、インクルーシブ教育に統一）に関する技術の欠如及び否定的な態度」「合理的配慮の提供が不十分である」「聾児童に対する手話教育やインクルーシブ教育を含め、通常の学校における代替的及び補助的な意思疎通の様式及び手段の欠如」などが懸念であると指摘されました。日本への要請として、「合理的配慮及び個別の支援が提供されることを確保するために、質の高いインクルーシブ教育に関する国家の行動計画を採択すること」「合理的配慮を保障すること」「通常教育の教員及び教員以外の教職員に、インクルーシブ教育に関する研修を確保し、障害の人権モデルに関する意識を向上させること」なども求められています。

　インクルーシブ教育は、特別支援教育の問題としてではなく、教育制度全体の中でどう考えるかが重要であると考えます。特別支援教育を超えて、日本の教育制度という大きなくくりの中で議論する必要があるでしょう。

第 3 章

特別支援教育の対象

> **達成目標** 特別支援教育の対象となる児童生徒および早期からの対応と就学のあり方について理解する。

1 特別支援教育の対象

　特別支援教育では、従来から対象としていた通級による指導、特別支援学級、特別支援学校で対応している児童生徒に加えて、新たに通常の学級に在籍する発達障害のある幼児児童生徒の教育的ニーズにも対応することが求められている。そのため、通常の学級に在籍している障害のある児童生徒も支援の対象となる。

　文部科学省が実施した「通常の学級に在籍する特別な教育的支援を必要とする児童生徒に関する調査結果について」（文部科学省，2022）によれば、小・中学生の8.8％（2012年の調査結果では6.5％）、高等学校で2.2％（2012年は未実施）の児童生徒が特別な教育的支援を必要とするとされている。

　調査の結果は、以下のとおりである。

〈小学校・中学校〉
①学習面で著しい困難を示す　　　　　　　　　　　　　　6.5％（2012年は4.5％）
②「不注意」又は「多動性－衝動性」の問題を著しく示す　4.0％（2012年は3.1％）
③「対人関係やこだわり等」の問題を著しく示す　　　　　1.7％（2012年は1.1％）
〈高等学校〉
①学習面で著しい困難を示す　　　　　　　　　　　　　　　　　　　　　　1.3％
②「不注意」又は「多動性－衝動性」の問題を著しく示す　　　　　　　　　1.0％
③「対人関係やこだわり等」の問題を著しく示す　　　　　　　　　　　　　0.5％

　ただし、この結果は学級担任による判断であり、診断を有する児童生徒の割合ではない。

　表3-1、3-2に特別支援学校、特別支援学級、通級による指導において教育を受けている児童生徒の数と割合を示した。集計した年度が異なるため単純に加えることはできないが、およそ4〜5％程度の幼児児童生徒が特別支援学校、特別支援学級、通級による指導で教育を受けていることになる。

　1950（昭和25）年以降特別支援学校、特別支援学級、通級による指導を受けた

表3-1）特別支援学校・特別支援学級在籍者数

	幼稚園他	小学校・ 特別支援学校 小学部	中学校・ 特別支援学校 中学部	高等学校・ 特別支援学校 高等部	合計
総　　数	1,745,909	6,246,268	3,277,892	3,037,863	14,307,932
特別支援学校	1,203 （0.07％）	49,580 （0.79％）	32,497 （0.99％）	65,355 （2.15％）	148,635 （1.04％）
特別支援学級	－	252,580 （4.04％）	100,858 （3.08％）	－	353,438 （2.47％）

注）令和4年5月1日現在〔文部科学省（2024）特別支援教育資料（令和4年度）をもとに筆者作成〕、単位は人

表3-2）通級による指導を受けている児童生徒数

	幼稚園他	小学校・ 特別支援学校 小学部	中学校・ 特別支援学校 中学部	高等学校・ 特別支援学校 高等部	合計
総　　数	1,807,191	6,310,070	3,298,707	3,088,795	14,504,763
通級による指導	－	154,559 （2.45％）	27,649 （0.84％）	1,671 （0.05％）	183,879 （1.27％）

注）令和4年3月31日現在〔文部科学省（2024）特別支援教育資料（令和4年度）をもとに筆者作成〕、単位は人

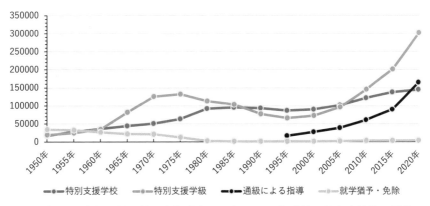

図3-1）特別支援学校、特別支援学級、通級による指導等の児童生徒数の推移

〔文部科学省（2022）特別支援教育資料（令和3年度）をもとに筆者作成〕

児童生徒の推移を5年刻みで図3-1に示した。1979（昭和54）年に養護学校（知的障害や肢体不自由等の児童生徒）が義務教育となったことに関連して、同時期に就学猶予・免除者はかなり減少し、特別支援学校や特別支援学級を利用する児童生徒は増加した。その後若干の減少期があるものの、近年は特別支援学校、特別支援学級、通級による指導すべてにおいて、児童生徒の数は増加傾向にあることがわかる。なお、通級による指導については、1993（平成5）年から制度化され、2007（平成19）年にはLD（学習障害）やADHD（注意欠陥多動性障害）も対象として加わることになったという経緯がある。

〔1〕特別支援学校の対象

　学校教育法施行令第二十二条の三には特別支援学校の対象となる児童生徒の障害の程度が示されている（表3-3）。これは特別支援学校の対象として考える児童生徒の障害の程度の目安であり、ここで示された障害の程度を示す児童生徒が特別支援学校に就学しなければならないということを示すものではない。就学に関する詳細については次項で示す。

表3-3）特別支援学校の対象と児童生徒の障害の程度

対　象	障害の程度
視覚障害者	両眼の視力がおおむね0.3未満のもの又は視力以外の視機能障害が高度のもののうち、拡大鏡等の使用によっても通常の文字、図形等の視覚による認識が不可能又は著しく困難な程度のもの
聴覚障害者	両耳の聴力レベルがおおむね60デシベル以上のもののうち、補聴器等の使用によっても通常の話声を解することが不可能又は著しく困難な程度のもの
知的障害者	一　知的発達の遅滞があり、他人との意思疎通が困難で日常生活を営むのに頻繁に援助を必要とする程度のもの 二　知的発達の遅滞の程度が前号に掲げる程度に達しないもののうち、社会生活への適応が著しく困難なもの
肢体不自由者	一　肢体不自由の状態が補装具によっても歩行、筆記等日常生活における基本的な動作が不可能又は困難な程度のもの 二　肢体不自由の状態が前号に掲げる程度に達しないもののうち、常時の医学的観察指導を必要とする程度のもの
病弱者	一　慢性の呼吸器疾患、腎臓疾患及び神経疾患、悪性新生物その他の疾患の状態が継続して医療又は生活規制を必要とする程度のもの 二　身体虚弱の状態が継続して生活規制を必要とする程度のもの

（学校教育法施行令第二十二条の三をもとに筆者作成）

〔2〕特別支援学級及び通級による指導の対象

　表3-4および表3-5は特別支援学級及び通級による指導の対象と障害の程度であ

表3-4）特別支援学級の対象と児童生徒の障害の程度

対　象	障害の程度
知的障害者	知的発達の遅滞があり、他人との意思疎通に軽度の困難があり日常生活を営むのに一部援助が必要で、社会生活への適応が困難である程度のもの
肢体不自由者	装具によっても歩行や筆記等日常生活における基本的な動作に軽度の困難がある程度のもの
病弱・身体虚弱者	一　慢性の呼吸器疾患その他疾患の状態が持続的又は間欠的に医療又は生活の管理を必要とする程度のもの 二　身体虚弱の状態が持続的に生活の管理を必要とする程度のもの
弱視者	拡大鏡等の使用によっても通常の文字、図形等の視覚による認識が困難な程度のもの
難聴者	補聴器等の使用によっても通常の話声を解することが困難な程度のもの
言語障害者	口蓋裂、構音器官のまひ等器質的又は機能的な構音障害のある者、吃音等話し言葉におけるリズムの障害のある者、話す、聞く等言語機能の基礎的事項に発達の遅れがある者、その他これに準じる者（これらの障害が主として他の障害に起因するものではない者に限る。）で、その程度が著しいもの
自閉症・情緒障害者	一　自閉症又はそれに類するもので、他人との意思疎通及び対人関係の形成が困難である程度のもの 二　主として心理的な要因による選択性かん黙等があるもので、社会生活への適応が困難である程度のもの

〔文部科学省（2021）障害のある子供の教育支援の手引～子供たち一人一人の教育的ニーズを踏まえた学びの充実に向けて～をもとに筆者作成〕

表3-5）通級による指導の対象と児童生徒の障害の程度

対　象	障害の程度
言語障害者	口蓋裂、構音器官のまひ等器質的又は機能的な構音障害のある者、吃音等話し言葉におけるリズムの障害のある者、話す、聞く等言語機能の基礎的事項に発達の遅れがある者、その他これに準じる者（これらの障害が主として他の障害に起因するものではない者に限る。）で、通常学級での学習におおむね参加でき、一部特別な指導を必要とする程度のもの
自閉症者	自閉症又はそれに類するもので、通常の学級での学習におおむね参加でき、一部特別な指導を必要とする程度のもの
情緒障害者	主として心理的な要因による選択性かん黙等があるもので、通常の学級での学習におおむね参加でき、一部特別な指導を必要とする程度のもの
弱視者	拡大鏡等の使用によっても通常の文字、図形等の視覚による認識が困難な程度の者で、通常の学級での学習におおむね参加でき、一部特別な指導を必要とするもの
難聴者	補聴器等の使用によっても通常の話声を解することが困難な程度の者で、通常の学級での学習におおむね参加でき、一部特別な指導を必要とするもの
学習障害者	全般的な知的発達に遅れはないが、聞く、話す、読む、書く、計算する又は推論する能力のうち特定のものの習得と使用に著しい困難を示すもので、一部特別な指導を必要とする程度のもの
注意欠陥多動性障害者	年齢又は発達に不釣り合いな注意力、又は衝動性・多動性が認められ、社会的な活動や学業の機能に支障をきたすもので、一部特別な指導を必要とする程度のもの
肢体不自由者	肢体不自由、病弱又は身体虚弱の程度が、通常の学級での学習におおむね参加でき、一部特別な指導を必要とする程度のもの

〔文部科学省（2021）障害のある子供の教育支援の手引～子供たち一人一人の教育的ニーズを踏まえた学びの充実に向けて～をもとに筆者作成〕

る。特別支援学校で指摘したのと同様に、ここで示した障害の程度は、対象として考える児童生徒の障害の程度の目安である。各教育の場の障害の程度は、学校生活や活動においてどの程度の困難さであるのかを文章表記で示しており、加えて援助や特別な指導の程度（頻繁なのか一部なのか）などによって示されている。

　また、通級による指導においては、知的障害が対象となっておらず、知的障害のある児童生徒の場合には、特別支援学級での教育が想定されていることがわかる。

2 就学支援のあり方

〔1〕早期からの相談と特別な教育的支援

　障害のある人に対する支援は、学齢期に始まるわけではない。早期からの相談や支援もしくは学齢期以降の相談や支援も必要である。早期からの相談・支援は、医療機関、保健所、福祉事務所、児童相談所、児童福祉施設、発達障害者支援センターなどにおいて行われる。また、認定こども園、幼稚園、保育園においても、外部の専門家による巡回相談を活用して実施されている。

　就学前支援の取り組みの記録は、支援ファイルや移行支援シートなどを作成し、活用することなどが推奨されている。支援ファイルとは、乳幼児期から学齢期もしくは成人期までの成長記録や支援内容を記入し、ファイルとしてとじ込んだものである。ファイルにとじ込む項目は、出産時の記録、発達の経過、乳幼児健康診査の様子、発達の相談・検査の記録、入園・入学・転校の記録などであり、子どもの生育歴や相談歴、支援歴などがわかるようになっている。このファイルは保護者が所持し、子どもの相談の際に活用したり、就学や転学などの移行の際に活用したりすることが想定されている。また、移行支援シートは、これまでの支援内容や配慮事項等を記入し、移行先に引き継ぎを行うシートである。このシートを支援ファイルにとじ込んで利用することも可能である。移行支援シートには、たとえば幼稚園での様子や、これまで園で配慮したことや有効であったことなどが記載される。

　その他、乳幼児健康診査として通常実施されている1歳半健診や3歳児健診の他に、5歳児健診を実施している自治体もある。知的遅れのない発達障害の場合、3歳児健診の際に見逃されることが多く、就学前の5歳の時に健診を行うことによって、就学と就学後の適切な支援につながる例が報告されている。すべての自治体で実施されているわけではないが、支援の必要な幼児を早期に発見し、就学後の支援

につなげるための有効な手段の一つであると考えられる。

〔2〕就学先決定のプロセス

　就学先決定のあり方については、「学校教育法施行令」の一部改正として示された。これは、2012（平成24）年に、文部科学省が行った「共生社会の形成に向けたインクルーシブ教育システム構築のための特別支援教育の推進（報告）」の提言に基づくものであった。その後、2021（令和3）年に「障害のある子供の教育支援の手引～子供たち一人一人の教育的ニーズを踏まえた学びの充実に向けて～」が示された。

　手引（文部科学省，2021）において提言された就学相談の模式図を図3-2に示した。就学相談において重要となるのは早期からの相談であり、個別の教育支援計画等の作成と活用（先に示した支援ファイルもこれに相当する）を通じて継続的な相談を行うこと、一貫した支援や支援の引き継ぎが重要であることなどが指摘されている。また、就学先の決定においては、障害の状態や障害の状態に基づく教育的ニーズだけでなく、本人・保護者の意見、専門家の意見、学校や地域の状況などを含めて総合的に判断を行う必要がある。加えて、文部科学省から示された「学校教育法施行令の一部改正について（通知）」（文部科学省，2013）には、

> 　報告においては、「その際、市町村教育委員会が、本人・保護者に対し十分情報提供をしつつ、本人・保護者の意見を最大限尊重し、本人・保護者と市町村教育委員会、学校等が教育的ニーズと必要な支援について合意形成を行うことを原則とし、最終的には 市町村教育委員会が決定することが適当である。」との指摘がなされており、この点は、改正令における基本的な前提として位置付けられるものであること。

という一文が示されている。つまり、法令で改正された内容の前提条件として、教育的ニーズと支援に対する本人・保護者と市町村教育委員会、学校の合意形成が重要であることを理解する必要がある。

　しかしながら、本人・保護者と教育委員会や学校との間で合意形成が図れないことも想定される。そのような場合には、課題点を明確にした上で体験入学を実施し、一定期間の体験入学の後に、再び検討の場を設定・調整する機関として、第三者的な有識者を加えた都道府県教育委員会レベルの「教育支援委員会」を設置して調整を図ったりするなどが提案されている。

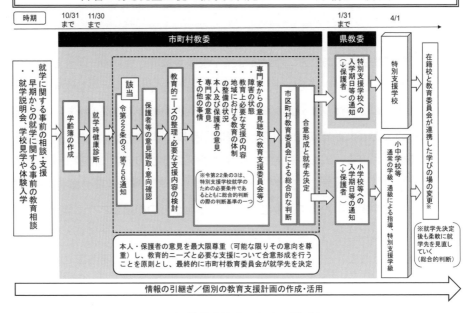

図3-2）就学先決定に関する模式図

〔文部科学省（2021）障害のある子供の教育支援の手引～子供たち一人一人の教育的ニーズを踏まえた学びの充実に向けて～より引用〕

障害のある子供の教育支援の手引～子供たち一人一人の教育的ニーズを踏まえた学びの充実に向けて～（文部科学省，2021）

注）医学の分野では学習障害を限局性学習症、ADHDを注意欠如／多動症等のように名称が変更されているが、本章では原文のまま学習障害、注意欠陥多動性障害を用いている。

課題	●特別支援教育の対象となる児童生徒が増加している理由について調べてみよう。 ●就学においてどのような課題があるのか調べ、就学支援のあり方について考えてみよう。

（佐藤　克敏）

〈文献等〉

・文部科学省（2012）通常の学級に在籍する発達障害の可能性のある特別な教育的支援を必要とする児童生徒に関する調査結果について

・文部科学省（2012）共生社会の形成に向けたインクルーシブ教育システム構築のための特別支援教育の推進（報告）

・文部科学省（2013）学校教育法施行令の一部改正について（通知）

・文部科学省（2021）障害のある子供の教育支援の手引〜子供たち一人一人の教育的ニーズを踏まえた学びの充実に向けて〜

・文部科学省（2022）特別支援教育資料（令和3年度）

・文部科学省（2022）通常の学級に在籍する特別な教育的支援を必要とする児童生徒に関する調査結果について

・文部科学省（2024）特別支援教育資料（令和4年度）

コラム❸　支援ファイルってどんなもの？

　本章で紹介した支援ファイルは必ずしも共通の書式を用いているわけではありません。記入する項目はおおむね似た内容となっていますが、詳細については自治体ごとに書式は異なっています。ここでは京都府と京都市の書式の一部を紹介します。

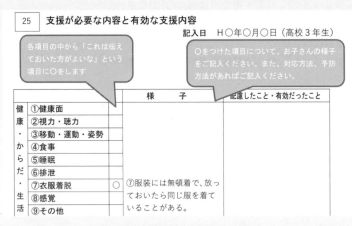

京都府の支援ファイルの一部例

京都市の支援ファイルの一部例

　本章で説明したように、本ファイルは保護者が生涯にわたって活用し、引き継いでいくものです。項目としては多岐にわたりますが、重要な情報はこれまでのどのような対応がよかったのか、どのような対応があると本人が生活しやすくなるのかなど、障害のある人の生活の質の向上のために引き継ぎたい事項であると考えます。

第4章

発達障害の子どもの理解

達成
目標 発達障害について知り、観察や検査を通して LD、
ADHD、ASD の特徴や幼児児童生徒一人ひと
りの状態を把握することを理解する。

1 発達障害とは何か

　発達障害とは何だろうか？　もし教育に関係することで知らない言葉が出てきた
ら文部科学省のHPを調べてみよう。試しに検索エンジンで「文部科学省　発達障
害」と検索してみると、文部科学省の「5.発達障害について」というサイトを見つ
けることができる。そこには「発達障害とは、発達障害者支援法において『自閉症、
アスペルガー症候群その他の広汎性発達障害、学習障害、注意欠陥多動性障害その
他これに類する脳機能の障害であってその症状が通常低年齢において発現するもの
として政令で定めるもの』と定義されています」と書いてある。ここで、どうやら
発達障害は発達障害者支援法で定義されているらしいということがわかる。では、
次に発達障害者支援法をインターネットで調べてみよう。日本の法律は政府に関す
る情報を提供するe-Gov（イーガブ）の法令検索で探すことができる。

〔1〕発達障害者支援法

　発達障害者支援法は2005（平成17）年に施行された。法律の文章は長く難解で
あるが、実は皆さんの生活や仕事のほとんどは法律で規定されており、法律を理解
するのは重要である。少し我慢して表4-1を読んでみよう。

　ポイントをまとめると、発達障害者も尊重された日常生活を送ることができるよ
うに支援をしなければならない。そして、役所などの行政や学校（国及び地方公共

表4-1）発達障害者支援法の目的（太字は筆者による）

第一章　総則
（目的）
第一条（前略）発達障害者が基本的人権を享有する個人としての尊厳にふさわしい日常生活又は社会生活を営むことができるよう、**発達障害を早期に発見し、発達支援を行う**ことに関する**国及び地方公共団体の責務**を明らかにするとともに、**学校教育における発達障害者への支援**、発達障害者の就労の支援、発達障害者支援センターの指定等について定めることにより、発達障害者の自立及び社会参加のためのその生活全般にわたる支援を図り、もって全ての国民が、障害の有無によって分け隔てられることなく、**相互に人格と個性を尊重し合いながら共生する社会の実現**に資することを目的とする。

団体）は支援を行うことが義務（責務）となっている。つまり、皆さんが学校の教師になった場合には発達障害の子どもたちに支援をする義務があることが法律で定められているのである。

〔2〕発達障害の定義

　では、発達障害者支援法を読み進めてみよう（表4-2）。

表4-2）発達障害の定義

第一章　総則
（定義）
第二条　この法律において「発達障害」とは、自閉症、アスペルガー症候群その他の広汎性発達障害、学習障害、注意欠陥多動性障害その他これに類する脳機能の障害であってその症状が通常低年齢において発現するものとして政令で定めるものをいう。

　発達障害者支援法において、発達障害は自閉症など、学習障害、注意欠陥多動性障害と定義されていることがわかる[注1]。これらの障害には基本的に知的障害は含まれない。文部科学省（2022）の調査によると、通常学級で学習面又は行動面で著しい困難を示す児童生徒の割合は8.8％であり、この中に発達障害の子どもたちも多く含まれると考えられている。

注1）発達障害者支援法では法律が定められたときに使用されていた診断名が使用されている。
　　現在は「自閉スペクトラム症」「限局性学習症」「注意欠如／多動症」という診断名が一般的に使われている。

---

〔3〕発達障害をどのように理解するか

　皆さんは地図を読んだり、知らない土地で目的地を見つけたりするのが得意だろうか？　得意な人は何の問題もなく地図を読み、知らない土地で迷うことなく目的地にたどり着くことができる。得意ではない人は地図を見ても自分がどこにいるのかわからず、自分がどっちから来たかもわからなくなってしまうことがあるだろう。このように多くの人には得意と不得意がある。もし、方向を知るのが苦手という場合には「方向音痴」と呼ばれるが、たまたま対人関係が苦手という場合には「自閉スペクトラム症」という診断名がつき、学習が苦手という場合には、「限局性学習症（学習障害）」という診断名がつき、行動のコントロールが苦手という場合には「注意欠如／多動症」という診断名がつき、発達障害があるとされる可能性がある。「発達障害」と言われると、対応がとても難しそうな非常に特別なものという印象をもつかもしれないが、そうではなく誰にでもある苦手の一つと考えみよう。そうすることで対応方法が見つけやすくなるだろう。

通常の学級に在籍する特別な教育的支援を必要とする児童生徒に関する調査結果について（文部科学省，2022）

2　限局性学習症（LD）

〔1〕限局性学習症とは

　他の教科は大きな問題がないのに九九だけが覚えられない、字を読むことができるのに文章の意味をとることができないといった学習面の困難を示す子どもたちがいる。

　学習についての困難は、アメリカ精神医学会がDSM-5という診断基準で定義している「限局性学習症（Specific Learning Disorder）」と、文部科学省が定義した「学習障害（Learning Disabilities）」がある（日本精神神経学会，2014）。英語表記の頭文字をとってLDと呼ばれることが多い。どちらの定義においても、知的発達の遅れはないが、読みの困難、書きの困難、算数や計算の困難などを抱えているとされている。限局性という言葉は、学習が全般的に遅れているのではなく特定の教科や活動が特に苦手であるということを意味している。たとえば読みの困難は、話し言葉に問題がないのに文章をたどたどしく読む、耳から聞いた文章は理解できるのに目から読む文章を理解することができないなどがある。書きの困難には手に力が入りすぎてスムーズに書くことができない、鏡文字を書いてしまう、など

がある。算数や計算の困難には数字と個数がすぐに結びつかないため数字の大小関係がわからない、簡単な計算問題ができても文章題になると式を立てることができない、などがある。学習の困難は子どもによって大きく異なるため、限局性学習症は非常に多様な状態で現れる。

〔2〕限局性学習症の理解

　限局性学習症は周りからすると非常に簡単なことができないように見えるため、努力が足りないとかやる気がないと誤解されることもある。しかし、たとえば限局性学習症のうち読みに困難を抱えている子どもたちは「とくべつしえんきょういく」という字を読むときに図4-1を読むような努力を強いられていることが多い。

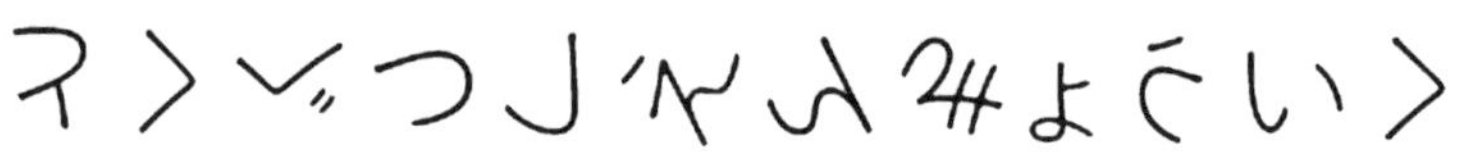

図4-1）読みの困難の例

　努力をしているのにうまくならないし、その上大人に叱られて自信を失ってしまう場合もある。方向音痴の例を思い出してほしい。方向音痴の人に「努力が足りない」とか「やる気がない」と叱る人はあまりいないだろう。むしろ、どうやって説明したら目的地にたどり着けるか考えてあげる人も多いのではないだろうか。それと同じように限局性学習症の子どもたちに対しても叱るのではなく、どうやったら苦手を克服できるのか考えてあげることが必要である。

〔3〕状態把握に基づく支援

　先述のとおり、限局性学習症の状態は非常に多様であるため、子ども一人ひとりの状態を把握し、その状態に合わせた支援が必要となる。状態把握には検査によるアセスメントといった専門的なものもあるが、気軽にできるものもある。たとえば計算の指導であれば、子どもの普段の様子を見ながら図4-2のように計算を細かいステップに分けることでつまずきやすいところはどこか見つけ出して指導方法を考えるのも状態把握に基づく支援といえる。

> **何気なくやっていることを
> 細かいステップに分ける**
>
> 例）23÷11の筆算
> ①23を書く
> ②23の左横に ）を書く
> ③23の上に線を書く
> ④ ）の左に11を書く
> ⑤紙の端で11×1の筆算
> ⑥紙の端で11×2の筆算
> ⑦紙の端で11×3の筆算
> ⑧23を上回ったらやめる……

図4-2）細かいステップ

さらに専門的な状態把握をするために児童相談所や発達障害者支援センターなどで心理検査や発達検査などのアセスメントを受けることもできる。検査を受けると、視覚的情報と聴覚的情報のどちらが理解しやすいか、暗算のように必要な情報を記憶しながら操作する能力（ワーキングメモリ）は得意かなどの傾向が詳しくわかり、その傾向に応じた支援方法を提案してもらうことができる。

③ 注意欠如／多動症（ADHD）

〔1〕注意欠如／多動症とは

　注意欠如／多動症（Attention-Deficit/Hyperactivity Disorder: 以下、ADHD）は「不注意」と「多動性および衝動性」があり、生活に困難が生じている状態である（日本精神神経学会，2014）。知的発達の遅れがある場合、ADHDの診断はつかない。不注意は集中することが難しいためにさまざまな困難が生じることである。たとえば、細かい作業に集中できずミスが多い、話を集中して聞くことができず指示を覚えていないためうっかりミスや忘れ物が多い、ものごとに集中して取り組めずすぐに別のことをしてしまうため課題や片づけを終わらせることができないなどの困難が見られる。多動性および衝動性は行動を抑えたり統制したりするのが難しいために困難が生じることである。たとえば、手足をそわそわと動かす、じっと座っていられない、しゃべりすぎる、順番を待つことができないなどの困難が見られる。これらの症状のうちいくつかが12歳になる前から見られる。「不注意」と「多動性および衝動性」の両方が見られる場合と、「不注意」のみ、「多動性および衝動性」のみが見られる場合がある。

〔2〕注意欠如／多動症の治療ガイドライン

　ADHDは診断・治療ガイドラインが示されている（齊藤，2016）。診断と医学的治療ができるのは医師であるため、ADHDが疑われる場合はまず医師の診断を受けるようにしよう。治療ガイドラインではまず治療は基本的に心理社会的支援策である親ガイダンス、学校との連携、子どもとの面接から始めるべきで、症状が重度である場合は薬物療法導入の検討をするとされている。学校での支援はADHDの治療においても非常に大切であることがわかる。本ガイドラインには親や教師向けのわかりやすいパンフレットも掲載されている。

日本では病院でADHDと診断された子どもに対してコンサータ、ストラテラ、インチュニブという薬を使用することができる。これらの薬はADHDに効果があるが、使用する際には医師の指示に従って服用しなければならない。

〔3〕注意欠如／多動症の理解

皆さんの中で、片づけをしなければいけないときに懐かしいものを見つけてそちらを見てしまい、片づけが進まないという経験をしたことがある人は少なくないだろう。ADHDの人たちは常にその状態にあると考えると想像しやすいだろう。集中するのが難しくない人にとっては、なぜADHDの人たちが課題に集中できず課題を終わらせることができないのか理由がわからないだろう。しかし、「なぜできないの？」と聞いても事態は改善しない。それは地図が読めず方向がわからない人に「なぜ目的地がわからないの？」と聞くのと同じで、本人もなぜできないのかわかっていないことが多いからである。

ADHDに限った話ではないが、「なぜできないのか？」と本人を問い詰めるのではなく、「どうやったらできるようになりそうか」を見つけることがよい支援につながる。たとえば、忘れ物が多い場合には忘れ物チェックリストを目につくところに置いておく（図4-3）、ノートを全教科共通で1冊にするなどの工夫が効果があるかもしれない。

図4-3）忘れ物チェックリスト

もう一つ、服を脱衣所に脱ぎっぱなしにして片づけることができなかった実際の例を紹介しよう。多くの家では服を自分の部屋に片づけるため、脱衣所と服を片づける場所は離れたところにある。このような環境下でADHDの人が服を脱いで入浴など別の作業をしてしまうと服を片づけることを忘れて脱衣所を離れてしまうことがある。そこで脱衣所にある棚を洋服棚にして服を脱いだ瞬間片づけられる環境をつくってみた。さらに、服をたたむ作業は時間がかかり集中することが難しいこともあったので、服はすべてハンガーにかけるだけにして作業時間を減らすことにした。この工夫で脱ぎっぱなしの服が激減したのである。

本人に何かをがんばってやらせたということはなく、むしろ棚の位置を変える、服を片づける方法をハンガーにするなど環境を整えることで片づけられるという状態を実現することができた事例である。この方法は環境調整もしくは先行子操作と呼ばれる方法である（第5章2を参照のこと）。重要なのは本人に努力を強いるの

ではなく、本人が「これなら自分にもできそう！」と思える方法を探すことである。

4 自閉スペクトラム症

〔1〕自閉スペクトラム症とは

　自閉スペクトラム症（Autism Spectrum Disorder: ASD）は社会的コミュニケーションの困難と、限定された反復された行動という二つの特徴がある（日本精神神経学会，2014）。社会的コミュニケーションの困難は、相手の気持ちや感情を理解するのが難しい、暗黙の了解の理解が難しい、目を合わせるなどの非言語的コミュニケーションがうまくできない、場面に合わせた行動が難しいなどの形で現れる。限定された反復された行動（こだわり）は、おもちゃを1列に並べる、ずっとものを叩く、同じ言葉を繰り返す、毎日同じ道を通りたがる、同じ食べ物を食べたがる、好きなものには強く没頭しとても詳しいが興味がないものにはまったく無関心といった形で現れる。

〔2〕名称の変遷

　自閉スペクトラム症は名称が何度か変更されてきており、自閉症、アスペルガー障害と呼ばれていたことがある。自閉症という名前を聞いたことがある人は多いだろう。自閉症は社会的関係の形成の困難、言葉の発達の遅れ、特定のものにこだわるという三つの特徴が3歳くらいまでに見られる場合に診断されていた。アスペルガー障害は、自閉症の特徴のうち言葉の発達の遅れが見られず、基本的には知的発達の遅れもない場合に診断されていた。アメリカ精神医学会が診断基準をDSM-5に改訂したときに、自閉症とアスペルガー障害は自閉スペクトラム症に統一されることになった。自閉スペクトラム症は自閉症の社会的関係の形成の困難と、言葉の発達の遅れを合わせた社会的コミュニケーションの困難とこだわりという二つの特徴で定義されることになった。そのため、自閉スペクトラム症は知的障害を伴う場合もあれば伴わない場合もある。

〔3〕自閉スペクトラム症の理解

　知的障害を伴う場合も伴わない場合も自閉スペクトラム症の子どもは視覚的な情報を理解することが得意な場合が多い。そのため、絵カードなどを使って手順など

を伝えるのが有効である。知的障害を伴わない場合は文脈や対人関係のルールを理解するのが難しく、いわゆる空気が読めないという状態になることがある。

　文脈や対人関係のルールを教えるのは難しい。筆者の例を紹介しよう。筆者は関東地方で育ち、就職のために関西地方に引っ越してきた。関西に来て困ったのは「オチ」のある話を求められることだった。関東で育った人間はオチのある話をする機会は少ない。しかし、関西ではオチがないと「で？」と話の続きを期待されてしまうのである。筆者はオチのある話ができるようになりたいと考え、関西出身者にどうやったらオチのつく話ができるか聞いて回ったが「当たり前すぎて教えられない」と言われるばかりだった。しかし、オチのある話ができないと「で？」と言われてしまう。相手に悪気がないのがわかっていても、自分が環境に適応できていない気持ちになることがあった。

　自閉スペクトラム症をはじめとして文脈や対人関係のルールがわからない人も同じような経験をしていると考えられる。つまり、どうしたらいいか具体的な方法は誰も教えてくれないのに、適切にふるまえないと「で？」と言われたり、場合によっては非難されたりするのである。

　筆者の場合はオチのある話の仕方を聞いて回り、数年経ってやっと「自分にもできそう」と思えるアドバイスに出会った。それは、「とても楽しみにしていたレストランが閉まっていた」というように期待外れだった出来事をテーマにするという方法だった。いかに楽しみにしていたかを強調しながら最初に語り、最後に期待外れだったという組み立てにするとよいようだ。

　多くの人にとってできて当たり前のことを、できない人にわかりやすく具体的に教えるのは簡単なことではない。しかし、「これなら自分にもできそう」と思える方法を見つけてあげることで子どもの人生は大きく変わる。あきらめずに探し続けてほしい。

5　発達性協調運動症（DCD）

〔1〕その他これに類する脳機能の障害

　発達障害の定義を定めた発達障害者支援法第二条第一項では、これまで説明してきた障害だけではなく「その他これに類する脳機能の障害であってその症状が通常低年齢において発現するものとして政令で定めるもの」という記載がある。この政

令が発達障害者支援法施行令にあたり、その他これに類する脳機能の障害として言語の障害と協調運動の障害などがあげられている。本項では紙面の都合もあり、協調運動の障害について簡単に説明する。

〔2〕発達性協調運動症とは

　発達性協調運動症とは協調運動技能の獲得や遂行が年齢などを考慮しても明らかにうまくいっていない状態のことである（日本精神神経学会，2014）。幼い子どもでは座る、立つなどの動きや日常生活に必要なボタンをかけるなどの動きがうまくいかないことがある。成長すると自転車に乗る、書字をする、球技などの運動面で困難を抱えることがある。これまで単なる不器用とされてきたケースも多く、支援が必要であることはあまり知られていない。

〔3〕発達性協調運動症の支援

　子どもに体の動きを教える際には、まず大人が事前にどのように動きを教えたらいいか検討する必要がある。「DCD支援マニュアル」にはカラダの位置づけや動きのイメージ、リラックスなど9種類の作戦が発達性協調運動症の支援に有効であると指摘している。また、支援する際にはとにかく楽しくすること、いいところをすかさずほめること、スモールステップで目標につなげていくことがポイントとしてあげられている。

DCD支援マニュアル
（厚生労働省，2022）

| 課題 | ●発達障害者支援法を実際に読んでみよう。
●自分の苦手を見つけてみよう。その上で、グループで話し合いそれぞれの苦手を克服する方法を考えよう。 |

（佐藤　美幸）

〈文献等〉
・厚生労働省（2022）DCD支援マニュアル
・文部科学省（2022）通常の学級に在籍する特別な教育的支援を必要とする児童生徒に関する調査結果について　https://www.mext.go.jp/content/20230524-mext-tokubetu01-0000 26255_01.pdf　（2023年10月2日閲覧）
・日本精神神経学会監修（2014）『DSM-5 精神疾患の診断・統計マニュアル』医学書院
・齊藤万比古編集（2016）『注意欠如・多動症―ADHD―の診断・治療ガイドライン　第4版』じほう

コラム❹ 大人の姿を見て学ぶ子どもたち

　子どもはまねをするのがとても上手です。動画に出てくる歌やダンス、印象的な場面をまねしたり、先生や両親の口調とそっくりなことを言ってみたり、こんなに周りのことをよく見ているのかと驚かされることがあります。

　社会心理学者のバンデューラは子どもたちが周りの大人を見て暴力的な行動を学ぶということを研究で示しました。幼稚園の子どもたちを三つのグループに分けました。一つ目のグループは攻撃条件で、子どもが遊んでいると大人が部屋に入ってきてボボドールという大きな起き上がりこぼしのような人形を叩いたり、蹴ったり、悪態をついたりしました。二つ目のグループは非攻撃条件で、子どもが遊んでいると大人が部屋に入ってきてボボドールには目もくれず木のおもちゃを組み立てました。三つ目のグループでは大人が入ってきませんでした。その後、三つのグループの子どもたちは別室に連れて行かれて、別室にあるおもちゃで遊んでいいよと言われました。

　子どもたちが別室にいる間、バンデューラは子どもたちの様子を観察しました。そうすると、攻撃条件の子どもたちは他の条件の子どもたちと比べて、より多く別室にあるボボドールを殴ったり、蹴ったり、悪態をついたりしていました。子どもたちは教えられたのではなく、ただ大人の様子を見ただけで攻撃的にふるまうことを身につけたのです。この現象を「観察学習」と呼び、バンデューラは攻撃的な行動も「観察学習」されることを明らかにしました。

　この実験は「ボボドール実験」と呼ばれ、動画サイト等で見ることができます。

〈文献等〉
・Bandura, A., Ross, D., & Ross, S. A. (1961) Transmission of aggression through imitation of aggressive models. The Journal of Abnormal and Social Psychology, 63(3), 575-582.

第5章

発達障害のある子どもに
対する支援

> **達成目標** 発達障害による学習上または生活上の困難を改善・克服する力を育むことを目指すために、特別の教育課程を編成するのに必要な知識を得る。

1 推奨されている支援方法

〔1〕研究で効果があると確認されている支援方法

　アメリカ心理学会の臨床児童青年心理学会（第53部会）は、子どもの精神疾患を対象とした治療の効果をまとめており、その中で限局性学習症（LD）、注意欠如／多動症（ADHD）、自閉スペクトラム症（ASD）に対する支援の効果も示されている。これらの情報はEffective Child TherapyというHPで公開されている。多くの信頼性の高い研究で効果が確認されている支援を表5-1にまとめた。

　限局性学習症については研究が少なく明確に効果が確認されている支援はないが、RTI（Response To Intervention）は今後効果が示されることが期待されている。RTIは、すべての子どもの学力を測り学習の問題を抱える子どもがいる場合は、まず通常学級の中で指導の改善を行う。それでも学力の改善が見られない場合、次の段階に専門家による小集団の指導を行い、その次の段階では専門家による個別の指導を行う。日本ではRTIモデルをもとにした通常学級の多層指導モデル（Multilayer Instruction Model: MIM）による読みの指導が開発されている。

　注意欠如／多動症（ADHD）については、行動的ペアレント・トレーニング、行動的仲間介入、行動的クラス・マネジメントなど、三つの行動的支援のいずれか

を組み合わせた支援、計画性を養うトレーニング（Organization Training）の効果が確認されている。自閉スペクトラム症（ASD）について、個人を対象とした包括的応用行動分析、応用行動分析とdevelopmental social-pragmaticの組み合わせが効果があるとされている。

　研究で効果が確認されているものには「行動」という名前がついていることが多いことに気づくだろう。これらはいずれも本章の2で説明する行動を先行事象─行動─結果に分けて支援方法を検討するという応用行動分析の考え方が取り入れられている。

　注意が必要なのは、ここで紹介されていない支援方法は効果がないということではなく、現時点では研究で効果が確認されていないということを意味しているという点である。ここで紹介されていない方法も、今後研究が進んで効果が確認される可能性がある。ただし、ADHDの子どもについてはソーシャルスキル・トレーニングが効果がなかったことが研究で示され、Effective Child TherapyのHPやEvansら（2014）などでも明記されている。

〔2〕日本で推奨されている支援

　厚生労働省は発達障害者支援施策の概要の中で、発達障害者および家族等支援事業として、ペアレントメンターの養成、家族の対応力向上を支援するペアレント・トレーニング、当事者の適応力向上を支援するソーシャルスキル・トレーニングの普及を推進している。ペアレントメンターは発達障害のある子どもをもつ親が経験を活かして、発達障害の診断を受けて間もない子どもの親などに対して助言を行い、親同士で助け合う制度である。ペアレント・トレーニングは応用行動分析の考え方が取り入れられているのは先述のとおりであるが、ソーシャルスキル・トレーニングも応用行動分析の考え方をもとに開発された方法である。

〔3〕本章で紹介する支援

　本章ではまず、研究でADHDの子どもやASDの子どもに対する効果が確認されている応用行動分析、行動的ペアレント・トレーニング、行動的クラス・マネジメントについて概略を説明する。また、厚生労働省が発達障害者を対象とした支援体制として取り入れており、学校など教育場面でも多く実施されているソーシャルスキル・トレーニングも紹介する。

表5-1）発達障害の子どもに対する効果が確認されている支援

	効果が確認されている支援方法
注意欠如／多動症 （ADHD）	・行動的ペアレント・トレーニング ・行動的仲間介入 ・行動的クラス・マネジメント ・上記三つのいずれかを組み合わせた支援 ・計画性を養うトレーニング（Organization Training）
自閉スペクトラム症 （ASD）	・個人を対象とした包括的応用行動分析 ・応用行動分析と developmental social-pragmatic の組み合わせ

2 応用行動分析

〔1〕応用行動分析とは

　応用行動分析は、人間の行動を変容（増やしたり減らしたり）するときに用いられる方法である。図5-1のように行動を変容するために、まず行動が起きる前はどのような状況（先行事象）なのか、行動の後にどのような結果が生じているのかを分析する。先行事象（Antecedent）、行動（Behavior）、結果（Consequence）の英語表記の頭文字をとってABC分析と呼ばれている。たとえば、たくさん食べるという行動を考えてみよう。多くの人はおいしそうなものが目の前にあると食べることが多いだろう。この場合、おいしそうなものが目の前にあるという状況が先行事象ということになる。次に行動の結果であるが、たくさん食べるのが好きな人はおいしいと感じたり、お腹がいっぱいになると満足したりする。行動の後にいい

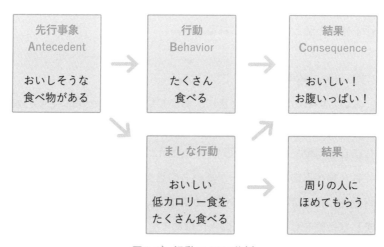

図5-1）行動のABC分析

ことが起きると、その行動は強められまた食べるという行動が生じることになる。このように行動が増えることを強化という。逆に嫌いなものやおいしくないものの場合、食べるとおいしくないという嫌なことが起きる。そうすると行動は弱められ食べるという行動は起きにくくなる。このように行動が減ることを弱化という。食べすぎるといつも後悔するのに行動が減らず、たくさん食べるのがやめられないという人もいるだろう。後悔する前においしい、お腹いっぱいといういいことが起きており、いいことの効果のほうが強い場合はたくさん食べるという行動が強化され行動は減らない。

　なかなかたくさん食べることをやめられない人に、「食べすぎですよ」「食事を減らしなさい」「生活習慣病になるよ」と言っても、あまり効果がないことは皆さんご存じだろう。注意や警告が行動を変える力はあまり強くないのである。また、食事の量を減らそうとしたことがある人の中で、成功したという人も多くはないだろう。行動そのものを変えるのは私たちが思っている以上に難しい。そのため、行動の前後に生じている状況を変えることで行動を増やしたり減らしたりするのである。

〔2〕先行子操作（環境調整）

　行動の前に生じている状況（先行事象）を変えて行動を変容することを先行子操作（環境調整）という。たくさん食べる行動の先行事象を変えるには、たとえば家においしいものを置きすぎないようにする、ご飯のお茶碗を小さくするなどの方法がある。

　発達障害の子どもが対象である場合、離席をする子どもであれば離席がしにくいように席を配置する、言葉の指示がわかりにくい場合は視覚的情報を使うなどが先行子操作の例としてあげられる。

〔3〕行動の結果を変える

　おいしいものを食べたときに、おいしい、お腹いっぱいという結果を変えることは非常に難しい。そのため、おいしい、お腹いっぱいという同じ結果が得られる少しましな行動を考える（図5-1）。たとえば、おいしくてカロリーが低めのものをたくさん食べるのはカロリーが高いものを食べるよりはましである。さらに、ましな行動をしたときに別のいいことが起きるように工夫をすることもある。たとえば、ましな行動をしたら、周りの人にほめてもらうなどのことである。

　発達障害の子どもが対象である場合、指示した課題をやっていないとしても、離

席をしていないというましな行動のときに声をかけたり、ほめたりするのである。多くの人は問題行動が生じたときに注意や叱責をするために声をかけ、適切な行動をしているときに声をかけないという対応をしがちである。しかし、子どもによってはたとえ注意や叱責であってもそれが注目されているといううれしいことになってしまい、不適切な行動をするとうれしいことが起きるのでさらに不適切な行動をしてしまうという悪循環になることがある。そのため、不適切な行動のときには声をかけず（これを消去という）、適切な行動やましな行動のときに多く声をかけたり、ほめたりする（強化）ことが重要となる。学校で応用行動分析を使用する方法をさらに知りたい場合は、平澤（2010）が参考になるだろう。

③ 行動的ペアレント・トレーニング

　行動的ペアレント・トレーニングは、応用行動分析の考え方やテクニックを子どもの親に教えることである。子どもが生まれると親はやらなければならないことの多さに驚き、想像以上に疲労がたまることが多い。そんな中で、どのように子どもを育てたらいいかわからない、子どもが言うことを聞かないという状況になると、親は大きな不安を抱えることになる。さらに、発達障害の子どもの親は定型発達の子どもの親より心配を多く抱えることが多い。どうやって子どもを育てたらいいかわからないという親に子どもに対する効果的な対応の仕方を伝えることで、親自身の負担や不安を軽減するだけではなく、子どもの問題行動などを未然に防ぐことができる。

〔1〕ペアレント・トレーニングの内容

　ペアレント・トレーニングは週に1回もしくは2週間に1回の頻度で1時間から2時間実施する。回数は5回から10回程度であることが多い。小集団（数名）〜集団（10名程度）の親を対象に実施する。

　ペアレント・トレーニングの内容は、①ほめる行動、見逃す行動、許しがたい行動の3つに分ける、②応用行動分析の基本（ABC分析など）を学ぶ、③適切な行動を増やすためにほめる（強化）、④子どもと親がポジティブにじっくり遊ぶ時間をつくるスペシャルタイム、⑤効果的な指示の出し方、⑥不適切な行動には注目せずに待つ（消去）、⑦適切な行動が起きやすい環境をつくる（環境調整）などの内

5

発達障害のある子どもに対する支援

容が盛り込まれていることが多い。岩坂（2015）はADHDやASDの子どもの親を対象としたペアレント・トレーニングの基本プラットホームとして表5-2のような内容を提案している。本章では紙面の関係上①ほめる行動、見逃す行動、許しがたい行動の3つに分ける、を中心に説明する。

　子育てをしているとイライラしたり不安になったりすることがある。特に子どもを時間通りに登園・登校させなければならない、人前で適切に行動させなければならないと強く思うと、「早くしなさい！」「さっき言ったでしょ！」と叱ることが増えてしまう場合がある。しかし、2〔1〕でも指摘したとおり注意や叱責は効果がないことが多い。そこで、行動をほめる行動、見逃す行動、許しがたい行動の3つに分けてどの行動に対してどのような対応をするか事前に決めておく。そうすると親は子どもに一貫した態度をとることができ、子どもも何をしたらほめられ何をしたら叱られるか見通しをもつことができるので安心して毎日を過ごすことができるようになる。行動を3つに分けるときはできる限りほめる回数を増やすため普段だったら取るに足らないような特別いい行動でなくてもほめるようにする。たとえば、積み木を積んでいるときに「上手に積み木をのせているね」とほめることができるだろう。

　時として子どもは意図的にせよ意図的ではないにせよ、やってはいけないことをしてしまうことがある。特に、暴力など自分や相手をケガさせたり傷つけたりする行動、物を投げたり壊したりする行動はそれが許しがたいことだと伝えるために注意をしたり叱責をする必要がある。ただし、注意や叱責はいけないことだという知識を伝えることはできても、必ずしも行動を減らすわけではないことに留意する必要がある。

　ほめるべき行動と許しがたい行動が決まるとそれ以外は見逃す行動ということに

表5-2）ペアレント・トレーニングの基本プラットホーム

		内　容
	第1回	子どもの行動観察と3つの分け方
	第2回	子どもの行動の仕組みとほめるパワー
	第3回	達成しやすい指示とスペシャルタイム
	第4回	待ってからほめよう
	第5回	まとめ
	フォロー	ポイント復習（ほめるを中心に）

〔岩坂英巳（2015）「奈良方式　ペアレント・トレーニングの現状と要点」をもとに筆者作成〕

なる。たとえば、着替えるスピードが遅いという行動は見逃す行動となり、叱らないことになる。とはいえ、着替えるスピードが遅いと登園や登校が難しくなることから着替える手順を表にしておく、着替えを見えるところにおいておくという環境調整や、着替え終わったらほめてもらえたりシールをもらえたりするという強化で対応するようにする。ペアレント・トレーニングの詳細な実施方法は岩坂（2012）を参照のこと。

4 行動的クラス・マネジメント

行動的クラス・マネジメントは、対象の子どもに対して先行子操作や強化などをすることで問題行動を減らし適切な行動を増やす方法である。行動的クラス・マネジメントでも応用行動分析のABC分析を用いて子どもの行動を分析し、どのような支援をしたらいいのか方針を立てる。

〔1〕行動には目的がある

子どもが問題行動をする場合、子ども自身が気づいていなくてもその問題行動に目的があることが多い（平澤，2010）。図5-2を見ながら、授業中にさわぐ子どもがいる例を考えてみよう。まず、先行事象に注目してみよう。学校で1日中騒いでいる子どもはほとんどいない。何らかのきっかけや状況があって騒ぐことが多い。この先行事象がわかるとどのようなときに子どもに対する支援を集中させたらいいかがわかりやすくなる。たとえば、授業の内容が難しく理解できないときに騒ぐことがわかれば、子どもが苦手な教科のときに支援が必要となる可能性が高い。

次に、行動の結果を見てみよう。子どもが騒いだときに先生が声をかけ注意や叱責をしていたとしよう。声かけをしても騒ぐという行動が減らない場合、子どもの問題行動は先生に声をかけてもらい注目してもらうことが目的となっていると考えられる。2〔3〕でも述べたように、注意や叱責であっても先生が声をかけてくれたり、自分に注目してくれたりすることがうれしいということは多々ある。わざと嫌われるようなことを言って相手の気を引こうとするという行動を見たことがある人は少なくないだろう。つまり、先生が声をかけて叱ることで子どもの騒ぐという行動が強化されなかなか行動が減らないと考えることができる。

では、どのように対応したらよいのだろうか。まず先行事象であるが、苦手な教

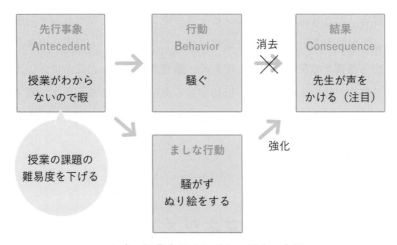

図5-2）　授業中騒ぐ子どもに対する支援

科であるときは特に課題の難易度を下げる、授業に参加できる機会をつくるなどの工夫ができるだろう。もし皆さんが、まったく理解できない外国語の話を45分まじめに聞きなさいと言われたら苦痛を感じ、携帯を見たくなるだろう。それは普通のことである。同じように授業の内容がその子どもにとって難しいと、何を言っているかわからずじっと話を聞いていること自体が苦痛となる。もし教員の補助者の助けを借りることができれば、苦手な教科は個別に補助をしてもらってもよい。補助者の助けが得られない場合は、事前に授業のポイントとなるキーワードを子どもに伝えておき授業中に指名して答えてもらうなどして授業に参加する機会をつくることもできる。

　行動の結果については、子どもが騒いでいるときは毅然と短く注意をし、少しでも騒いでいない瞬間がやってきたらすかさず「上手に先生の話を聞いているね！」と声かけをする。それまで子どもが不適切な行動を注意されてきた回数を超える頻度で、適切な行動に注目をするようにする。騒いでいるときに声かけをしてもらえなくなると、もっと騒いで声をかけてもらおうとすることがある。しかし、一貫した態度で騒いでいるときは注目しない、騒いでいないときに注目するという対応を続けていると、子どもは大きく騒いでも注目してもらえないことに気がつき、問題行動で注目を得るのをやめるようになる。

〔2〕日常報告カード

　特にADHDの子どもの場合は日常報告カード（Daily Report Card: DRC）が有効であることが多くの研究で報告されている。「席を立つのは2回まで」「1日に1

回は手をあげて発表する」など具体的な行動と回数についての目標を複数決めておき、毎日できたかできなかったかをカードに記録する。目標を「ちゃんとする」「いい子にする」にしてしまうと、子どもは何が求められているのか理解できないことが多いため、目標を具体的な行動にして回数を決めておくことで、子ども自身も何をしたらほめてもらえるのかが明確にわかるようになる。

　カードは1日に1枚用意し、子どもはカードを家に持ち帰ってうまくいったときは家族にほめてもらうようにする。目標の達成度によって家族からごほうびをもらうことができるのである。日常報告カードを使用することによって、学校と家庭の連携にも役に立つことが多い。NPO法人くるめSTP（Summer Treatment Program）のHPに日常報告カード（がんばりカード）の詳細が掲載されている。

5　ソーシャルスキル・トレーニング

　ソーシャルスキル・トレーニング（Social Skills Training: 以下、SST）とは、子どもに対人行動のスキルを教え、練習することで適切なスキルを発揮できるようにする方法である。皆さんの中にも対人関係が得意という人もあまり得意ではないという人もいるだろう。もし、対人関係の得意不得意を性格だと考えてしまうと、その性格を変えるのはとても難しく感じられるかもしれない。しかし、「あなたは対人関係が苦手な性格だから変えるのはとても難しい」と言われたら希望をもてなくなってしまうだろう。そこで、対人関係の得意不得意を性格ではなく行動と捉えることで変えることができるということが、具体的に考えやすくなるのである。

〔1〕トレーニングするスキルの決定と具体的なコツ

　SSTは学校や発達障害者支援センターなど教育機関や福祉機関で実施されることが多い。学校でSSTを実施する場合は、上手なあいさつ、上手な聞き方、上手な質問、あたたかい言葉がけ、仲間への入り方、あたたかい頼み方、上手な断り方などのスキルをトレーニングすることが多い。

　トレーニングするスキルが決まったら、スキルの具体的なコツを考える。上手に話を聞くというスキルについて考えてみよう。上手に話を聞くことが難しい子どもの中には、どういう行動をすると上手に話を聞くことができるのか知識がない場合も多く、「話を聞きなさい」と言っても上手にふるまえない。そこで、上手に話を

聞くというスキルを具体的な行動にしてみよう。たとえば、相手のほうに体を向ける、相手の顔を見る、話の節目でうなずくなどの練習したい具体的な行動を三つくらい選んでスキルのコツとする。

〔2〕SSTの内容

　トレーニングするスキルと具体的なスキルのコツが決まったら、実際にSSTを実施することになる。学校では45分の授業1回で一つのスキルを扱いながら二〜三つのスキルを指導することが多い。45分の授業で①インストラクション、②モデリング、③リハーサルとフィードバック、④維持（定着）・般化を実施する（図5-3）。

　インストラクションでは授業の導入として授業でどんな内容を扱うのかを説明する。話を聞くスキルを例にすると、今日は上手な話の聞き方について勉強すること、上手に話を聞けると相手が不快にならずにすみ、自分も必要な情報を得ることができるため、とても大切なスキルであることを伝える。また、上手に話を聞くために、相手を見る、うなずく、相手の話が終わるまで待つなどのコツを三つくらい説明する。

　モデリングでは多くの場合、指導者がロールプレイでよい例とよくない例を見せる。よい例ではコツを使って話を聞いたので相手も不快にならず、明日必要な持ち物を知ることができたなどのロールプレイを行う。よくない例では相手のことを見ない、相手の話が終わる前に自分の話を始めるなどコツを使わなかったので、相手によくない印象を与え、明日必要な持ち物の話を聞き逃したなどのロールプレイを

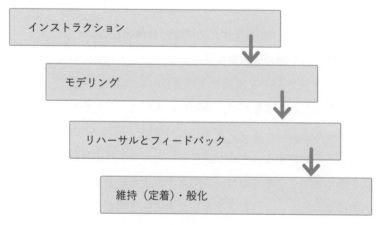

図5-3）SSTの内容

行う。それぞれのロールプレイについてどんなところがよかったのかよくなかったのかを発問し、子どもに考えさせて発表してもらう。

　リハーサルとフィードバックでは数人のグループをつくり、コツを使ったスキルを実際に練習する。低学年などでは伝言ゲームのようにゲームの要素を入れてリハーサルをすることもある。指導者は子どもがコツを使っていたらたくさん声をかけたりほめたりしてフィードバックし、コツを使う行動を強化するようにする。

　維持（定着）・般化では、その日練習したスキルのコツをもう一度確認し、学校や家などいろんな場面でコツを使うように促す。教室にコツが書いてあるポスターを掲示しコツを思い出せるようにする工夫もできる。

　佐藤ら（2005）にSSTを学校で実施するための指導案が掲載されているので、SSTを実施するときに参考にすると役立つだろう。

> | 課題 | ● 自分の増やしたい行動を決めて、「先行子操作」と「強化」を使って実際に行動を増やしてみよう。
● 周りの人のよい行動に注目して声かけをしてみよう。 |

（佐藤　美幸）

〈文献等〉
・Evans, S. W., Owens, J. S., & Bunford, N. (2014) Evidence-Based Psychosocial Treatments for Children and Adolescents with Attention-Deficit/Hyperactivity Disorder. Journal of Clinical Child and Adolescent Psychology, 43, 527-551.
・平澤紀子（2010）『応用行動分析学から学ぶ 子ども観察力＆支援力養成ガイド―発達障害のある子の行動問題を読み解く』学研
・岩坂英巳（2012）『困っている子をほめて育てるペアレント・トレーニングガイドブック―活用のポイントと実践例』じほう
・岩坂英巳（2015）「奈良方式　ペアレント・トレーニングの現状と要点」『アスペ・エルデの会　「市町村で実施するペアレント・トレーニング」に関する調査について（厚生労働省平成26年度障害者総合福祉推進事業報告書）』pp21-25
https://www.mhlw.go.jp/file/06-Seisakujouhou-12200000-Shakaiengokyokushougaihoken fukushibu/0000099419.pdf　（2023年10月2日閲覧）
・厚生労働省　発達障害者支援施策の概要　https://www.mhlw.go.jp/stf/seisakunitsuite/bunya/hukushi_kaigo/shougaishahukushi/hattatsu/gaiyo.html
・佐藤正二、相川充編集（2005）『実践！ソーシャルスキル教育・小学校編―対人関係能力を育てる授業の最前線』図書文化

本書の第5章で、適切な行動に注目して声かけをすることがとても大事であることを説明しました。では、実際にはどのような声かけをしたらいいのでしょうか。アメリカで開発されたTeacher-Child Interaction Training（TCIT）というプログラムでは、指示をするときの声かけの工夫と子どもとの信頼関係を築くときの声かけの工夫があります。

指示をするときの工夫としてBE DIRECTというものがあります。

Be specific with commands　指示は具体的に
Every command positively stated　すべての指示は肯定文で
Developmentally appropriate　年齢に見合ったもの
Individual commands　1回につき1個
Respectful and polite　礼儀正しく丁寧に
Essential commands only　必要な指示に限られる
Carefully timed explanations　慎重にタイミングを合わせた説明
Tone of voice neutral　中立的な声のトーン

表　指示の工夫（BE DIRECT）

指示はわかりやすく、簡潔に、回数は少なめにすることが大切です。

声かけの工夫はPRIDEスキルと呼ばれています。これらのスキルはすべて、子どもとの信頼関係を築くのに有効とされています。誌面の都合上、具体的賞賛と行動の説明を解説します。具体的賞賛はただ「いいね」とほめるのではなく、「〇〇がいいね」とほめることで、ほめながら適切なふるまいを指導することができます。行動の説明は子どもの行動を実況中継します。そうすることで子どもは自分のことを見てもらっていると満足することができます。

スキル	スキルの説明	例
Praise Behavior 具体的賞賛	何がよいのか具体的に指摘しながらほめる	上手に線を書いているね 手伝ってくれてありがとう
Reflect 繰り返し	子どもが言ったことを繰り返す	子ども「できた」 先生「できたね！」
Imitate まねる	子どもと同じ動きをする	子どもが手を叩く →先生も手を叩く
Describe 行動の説明	子どもの行動を実況中継する ※子どもを主語にする	「〇〇さんが鉛筆を持ちました」
Enjoy 楽しむ	子どもと楽しい時間を過ごす	笑顔、アイコンタクト、一緒に笑う

表　声かけの工夫（PRIDEスキル）

PRIDEスキルは回数が少ないと効果がありません。具体的賞賛、繰り返し、行動の説明は5分でそれぞれ10回を目指してみましょう。

〈文献等〉
・Girard, E. (2015) TCIT Clinician Training（未公刊）

第6章

知的障害のある子どもの理解と支援

知的障害の原因および知的障害のある児童生徒の発達・心理的特性を理解する。

1 知的障害のある児童生徒の現状

　知的障害のある児童生徒の教育の場として、特別支援学校および特別支援学級が制度上設置されている。これらの制度を活用して学ぶ知的障害のある児童生徒は全国にどれくらい存在しているのだろうか。

　文部科学省は毎年学校基本調査を実施し、各種学校に在籍する児童生徒数をイン

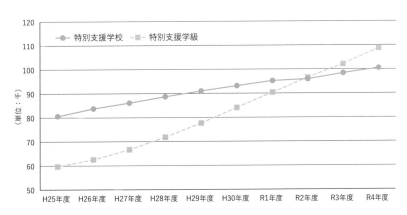

図6-1）特別支援学校および特別支援学級に在籍する知的障害のある児童生徒数の推移
（平成25年から令和4年までの10年間）

〔各年の学校基本調査（文部科学省）をもとに作成〕

ターネット上に公表している。

　この統計資料をもとに、2013（平成25）年から2022（令和４）年の10年間における特別支援学校（幼稚部、小学部、中学部、高等部）および小学校の特別支援学級に在籍する知的障害のある児童生徒数をグラフ化した（図6-1）。

学校基本調査統計資料（文部科学省）

　特別支援学校および特別支援学級に在籍する知的障害のある児童生徒数は毎年増加していることがわかる。しかも、ここで忘れてはならないのは、日本では全児童生徒数自体は減少し続けているということである。つまり、全児童生徒に対する知的障害のある児童生徒の割合が年々高くなっていることを意味する。

　なお、これは知的障害に限ったことでなく、特別支援教育を必要とする児童生徒数は年々増加している。文部科学省（2021）の「特別支援教育の充実について」の資料によると、2009（平成21）年から2019（令和元）年の10年間で、特別支援教育を受ける児童生徒数は、特別支援学校で1.2倍、特別支援学級で2.1倍、通級による指導で2.5倍に増加していると報告されている。

特別支援教育の充実について（文部科学省，2021）

　このような状況から、特別支援教育は学校教育のデファクトスタンダードとなっており、すべての教員が基本的な特別支援教育の知識を身につける必要があるといえるだろう。

２　知的障害とは

〔１〕知的障害の定義とは

　第１章で紹介した国際障害分類（ICIDH）と国際生活機能分類（ICF）の影響のもとに、知的障害の定義は策定されている。また、これは知的障害に限ったことではなく、ICIDHの「機能障害」「能力障害」「社会的不利」、ICFの「心身機能・構造」「活動」「参加」という階層構造は、各種障害の定義の基礎となっている。

　さて、知的障害の定義はいくつかの団体によって公表されている。知的障害の研究をリードする団体は大きく分けて３団体ある。それらは、世界保健機関（WHO）のICD（International Statistical Classification of Diseases and Related Health Problems）、アメリカ精神医学会（American Psychiatric Association：APA）のDSM（Diagnostic and Statistical Manual of Mental Disorders）、アメリカ知的

発達障害学会（American Association on Intellectual and developmental Disabilities: AAIDD）の3団体である。最初のICDについては最新版の第11版が2022（令和4）年に発効されているが、日本語版への翻訳が本書の発行時点では完了していないため、後者の2団体の定義について解説していく。なお、最新のICD11はWHOのHP上で公表されている。二次元バーコードを掲載しておくので、関心のある読者はアクセスしてほしい。

ICD11
（WHO, 2022）

【アメリカ精神医学会の定義：DSM】

　アメリカ精神医学会（APA）による「精神疾患の分類と診断の手引（DSM）」に定義が掲載されている。DSMは改訂を重ね、最新は第5版である。

　表6-1に第4版と第5版において、知的障害がどのように定義づけされているのかを示す。

表6-1）DSM-IV-TRとDSM-5における知的障害の定義

	DSM-IV-TR	DSM-5
名称	精神遅滞 （Mental Retardation）	知的能力障害 （Intellectual Disability）
基準A	明らかに平均以下の知的機能：個別施行による知能検査で、およそ70またはそれ以下のIQ（幼児においては、明らかに平均以下の知的機能であるという臨床的判断による）	臨床的評価および個別化、標準化された知能検査によって確かめられる、論理的思考、問題解決、計画、抽象的思考、判断、学校での学習、および経験からの学習など、知的機能の欠陥。
基準B	同時に、現在の適応機能（すなわち、その文化圏でその年齢に対して期待される基準に適合する有能さ）の欠陥または不全が、以下のうち2つ以上の領域で存在：コミュニケーション、自己管理、家庭生活、社会的/対人的技能、地域社会資源の利用、自律性、発揮される学習能力、仕事、余暇、健康、安全	個人の自立や社会的責任において発達的および社会文化的な水準を満たすことができなくなるという適応機能の欠陥。継続的な支援がなければ、適応上の欠陥は、家庭、学校、職場、および地域社会といった多岐にわたる環境において、コミュニケーション、社会参加、および自立した生活といった複数の日常生活行動における機能を限定する。
基準C	発症は18歳以前である	知的および適応の欠陥は、発達期の間に発症する。
重症度	軽度：IQレベル50〜55からおよそ70 中等度：IQレベル35〜40から50〜55 重度：IQレベル20〜25から35〜40 最重度：IQレベル20〜25以下	※表6-2を参照

〔高橋ら（2002）『DSM-IV-TR 精神疾患の分類と診断の手引』および高橋・大野（2017）『DSM-5 精神疾患の分類と診断の手引 第7版』をもとに筆者作成〕

第4版においては「知的障害」ではなく「精神遅滞」と記載されている。実は、「知的障害」という用語は行政用語であり、さらに以前は「精神薄弱」という用語が用いられていた。1998（平成10）年に「精神薄弱の用語の整理のための関係法律の一部を改正する法律」が可決され現在の「知的障害」に至っている。一方、医学の中では「精神遅滞（Mental Retardation）」という用語が用いられてきたが、第5版からは「知的能力障害（Intellectual Disability）」が採用されている。

　次に、定義の構成についてみていく。先にも触れたが、障害の定義は国際障害分類や国際生活機能分類の階層構造を意識している。たとえば、国際生活機能分類に照らし合わせると、基準Aの「平均以下の知的機能／知的機能の欠陥」は「心身機能・身体構造」が制約されている状態、基準Bの「適応機能の欠陥」は「活動」「参加」が制約されている状態に該当する。

　さて、知的障害の定義は第4版でも第5版でも以下の3点は共通している。

1．知的機能が制約されていること
2．適応機能に制約があること
3．発達期に認められること

　「1」については第4版では個別の知能検査でおおむね知能指数（Intelligence Quotient: IQ）70と基準値が示されている。知能検査については第7章で取り上げるが、知能検査の平均値は100であり、IQ70以下に該当するのは理論上約2.28％である。つまり、10,000人いたら228名が該当する計算になる。

　「2」については、各個人が属する社会文化圏における年齢基準で期待される有能さが制約されていることをいう。「この文化圏であれば、＊＊歳くらいになったら、これくらいのことはできると期待される」ことである。

　「3」については、知的障害が発達の障害であることを意味するものである。この基準がなければ、たとえば、認知症においても、知的機能の低下、および、適応機能の制約が生じるが、認知症は知的障害ではない。知的障害は発達の過程において知的機能の発達が遅れ、適応機能が制約される一連の状態像として理解されている。

　次に、第4版と第5版の相違点について言及していく。相違点で特徴的なのは知的障害の重症度の捉え方である。

　第4版では、表6-1に示したとおり、知的障害の重症度はIQに基づいて特定され

ていた。知的機能がどのようにあるいはどの程度制約を受けると、どのような適応機能に影響があるのか。そういった、知的障害と適応機能の関連を研究する上では知的機能を数値化することは一定の役割を担っていた。しかしその一方で、知的障害の重症度を数値化しても、その後の支援に結びつかないという問題点があった。

　歴史的な経緯としては、1992（平成４）年にアメリカ知的発達障害学会（AAIDD）の第９版に遡る。詳細はアメリカ知的発達障害学会の節で述べるが、結果としては、アメリカ精神医学会がアメリカ知的発達障害学会の考え方に近づき、第５版ではIQによる基準から支援の量に基づく基準にパラダイムシフトしていくこととなった。

　それでは表6-2にDSM-5の知的障害の重症度の特定の具体例を示す。

表6-2）DSM-5における知的障害の重症度の特定（例）

重症度	概念的領域	社会的領域	実用的領域
重度	概念的な能力の獲得は限られている。通常、書かれた言葉、または数、量、時間、および金銭などの概念をほとんど理解できない。世話する人は、生涯を通して問題解決にあたって広範囲に及ぶ支援を提供する。	話し言葉は語彙および文法に関してかなり限られる。会話は単語あるいは句であることもあれば、増補的な手段で付け足されるかもしれない。会話およびコミュニケーションは毎日の出来事のうち、今この場に焦点が当てられる。言語は解説よりも社会的コミュニケーションのために用いられる。単純な会話と身振りによるコミュニケーションを理解している。家族や親しい人との関係は楽しみや支援の源泉である。	食事、身支度、入浴、および排泄を含むすべての日常生活上の行動に援助を必要とする。常に監督者が必要である。自分自身あるいは他人の福利に関して責任ある決定をできない。成人期において、家庭での課題、娯楽、および仕事への参加には、継続的な支援および手助けを必要とする。すべての領域における技能の習得には、長期の教育と継続的な支援を要する。自傷行為を含む不適応行動は、少数であるが意味のある数として存在する。

〔高橋・大野（2017）『DSM-5 精神疾患の分類と診断の手引 第7版』をもとに筆者作成〕

　知的障害の重症度（例は重度の場合）は適応機能の状態とそれに対してどのような支援がどの程度必要かという観点に基づいて定義づけられている。また、適応機能を１）概念的領域、２）社会的領域、３）実用的領域の三つの領域に整理している。

　以上、アメリカ精神医学会のDSMにおいて知的障害がどのように定義されているかを概観した。次項では、このDSM-5に影響を与えたアメリカ知的発達障害学会が知的障害をどのように捉えているのかを紹介する。

【アメリカ知的発達障害学会の定義（AAIDD）】

2023（令和5）年の10月時点で、アメリカ知的発達障害学会の知的障害の定義は第12版であり、学会のWeb上で公開されている。以下に原文を引用する。

知的障害の定義
（AAIDD, 2021）

【Definition of Intellectual Disability】
Intellectual disability is a condition characterized by significant limitations in both intellectual functioning and adaptive behavior that originates before the age of 22.

1）知的機能の制約、2）適応行動の制約、3）発達期の発症、の三つの観点はDSMと共通しているが、DSMでは発達期をおおむね18歳以前としているが、AAIDDでは第12版から22歳以下に引き上げられた。

ところで、AAIDDの定義が特に注目を集めたのは1992（平成4）年に改訂された第9版である（日本語翻訳版は1999〈平成11〉年が初版）。

第9版では、以下の四つの観点が重要であると述べている。

第9版より引用[注1]
1）精神遅滞とはなにかということに関する変わりつつある理解を表現しようとする新しい試み。
2）何が分類されるべきか、ということと同時に、精神遅滞をもつ人々が要求するサポートシステムをいかに記述するかということに関する定式化。
3）精神遅滞とは、もっぱら個人によって表現される絶対的な特性であるとする見方から、知的機能の制約をもつ人とその環境との相互作用の表現であるとの見方へのパラライム・シフト。
4）適応行動の概念を、包括的な記述から、適応スキルの個別諸領域の細目にわたっての記述へと精緻化したこと。

これらに加えて、障害の重症度をIQに基づくものではなく、サポートの量に応

注1）第9版では、知的障害は "Mental Retardation（精神遅滞）" として記載されているため、原文のとおりとした。

じて区分した。具体的には、「一時的」「限定的」「長期的」「全面的」の4区分でサポート量を表現することとした。さらに、10領域からなる適応行動（コミュニケーション、身辺処理、家庭生活、社会的スキル、コミュニティ資源の利用、自律性、健康と安全、実用的学業、余暇、労働）のリストを明記した。さらに、どのような適応行動にどの程度のサポート量が必要なのかを「余暇には一時的なサポートが必要である」とか「身辺自立には全面的なサポートが必要である」などと記述する方法を提案した。つまり、サポートの量が多いほど障害の状態像は重いことを意味するとともに、個人の置かれた環境によって障害の状態像は変わるという障害観のパラダイム・シフトを指向したのだった。

　上述したDSM-5の障害の重症度の記載は、このアメリカ知的発達障害学会の第9版の影響を受けていることがわかる。さらに、第11版から、適応行動が1）概念的スキル、2）社会的スキル、3）実用的スキル、の三つのカテゴリの下に整理され、これもDSM-5の障害の重症度の記載様式に採用され、団体間で知的障害の定義の整合性が図られた。

　以上、知的障害の定義について、アメリカ精神医学会とアメリカ知的発達障害学会の定義を概観した。現在、障害を固定された個人の特性に基づいて捉える医学モデルから、サポート量や心理的・物理的環境の影響を受けながら社会の中でどのような状態像であるのかで捉える社会モデルへと移行しているといえるだろう。

【文部科学省による知的障害の定義】
　知的障害の定義をめぐる国際的な流れの中で、文部科学省はどのように知的障害を定義しているのだろうか。
　文部科学省HPの記載を引用すると、以下のように定義づけられている。

知的障害の定義
（文部科学省）

　知的障害とは、一般に、同年齢の子供と比べて、「認知や言語などにかかわる知的機能」の発達に遅れが認められ、「他人との意思の交換、日常生活や社会生活、安全、仕事、余暇利用などについての適応能力」も不十分であり、特別な支援や配慮が必要な状態とされています。また、その状態は、環境的・社会的条件で変わり得る可能性があると言われています。

ここにおいてもICIDHやICFの影響を読み取ることができる。特に「その状態像は、環境的・社会的条件によって変わり得る可能性がある」という記述には、アメリカ知的発達障害学会の「知的機能の制約をもつ人とその環境との相互作用の表現であるとの見方へのパラダイム・シフト」という考え方が反映されていることに気づく。

　このように、知的障害の定義・状態像は、決して恣意的に定められているわけではない。知的障害児者に関わる国内外の専門家が、共通した枠組みで議論できるように意図されており、それによって、教育分野だけでなく、隣接する医療分野や、福祉分野、労働分野、行政分野等との円滑な連携のもとに特別支援教育を推進していくことに学校教員は意識的であることが求められている。

3 知的障害の原因

　知的機能の責任領域に対応する中枢神経系の機能や構造に何かしらの損傷や不全があり、知的発達が明らかに平均以下の状態となることが知的障害の病理である。中枢神経系へ影響を与える病理は複数経路あるため、知的障害の原因は単一ではない。
　原因の分類法はその考え方によっていくつか種類がある（小池・北島，2001）。

〔1〕内因性 - 外因性
　内因性とは遺伝性の原因によるものである。たとえば、染色体異常（ダウン症候群、ウィリアムズ症候群、プラダー・ウィリー症候群など）があげられる。
　一方、外因性とは環境性あるいは獲得性の原因によるものである。たとえば、感染症や炎症（風疹ウイルス、トキソプラズマ、梅毒、化膿菌など）、薬物や毒物による中毒（有機水銀、一酸化炭素、鉛など）、栄養障害や代謝異常、物理的損傷（放射線、低酸素症、外傷など）が該当する。
　その他の分類法として有名なものに、生理型 - 病理型の二分法がある。

〔2〕生理型 - 病理型
　この分類では、知的機能を制約する原因に対する病理の存在の有無によって二分される。生理型の知的障害は明確な病理を有しない知的障害を指す。少しくだけた

表現をすれば、原因不明の知的障害といってもよいかもしれない。一方、病理型は明確な病理を有する。内因性 - 外因性の区分との比較で考えると、ほとんどの内因性および外因性の原因が病理型に含まれる。一方、後で述べる多因子遺伝子の考え方は生理型に該当する。一般的に、生理型の知的障害のほうが病理型よりも発生数が多い。

〔3〕多因子遺伝子という考え方

生理型の知的障害は原因不明であると述べた。"遺伝子"という用語があるにもかかわらず"病理"ではないことに違和感を覚えた方もいると思う。

多因子遺伝子は生物学的な基盤に基づく考え方ではなく、"このように考えたら辻褄が合う"という説明タイプの考え方である。よって、生物学的エビデンス（証拠）に基づいてはいないために病理型に分類されない。

前提とするのは、知的機能は単一の遺伝子が責任を負うのではないということである。たとえば、一つの"知能遺伝子"によって知的機能が発達するのではないと考えられている。すなわち、知的機能の発達には複数の遺伝子が相加相乗的に影響し合い、そのパターンがたまたま不利な組み合わせになったときに知的障害が発症するという確率論として説明されている。

一方で、知能の分布は正規分布であると考えられている（図6-2）。そのたまたま不利な確率の範囲が、IQにして70以下（おおむね2.28％）に該当すると考え説明がなされている。この分布に病理型の知的障害の分布を加えることで、知的障害の発症の全分布になるのではないかと推察されている。

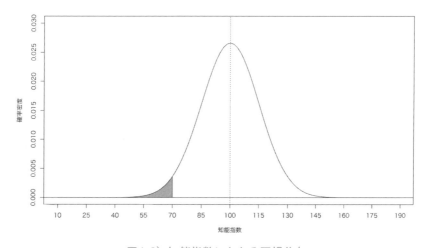

図6-2）知能指数にかかる正規分布

〔小池・北島（2001）『知的障害の心理学—発達支援からの理解 第4版』より引用〕

知的障害のある子どもに対する支援

　知的障害のある子どもへの支援には、子どもたちの認知行動面の状態像を客観的に把握する必要がある（この点については、第7章「子どもの多角的なアセスメント」を参照）。また、子どもたちの教育的ニーズが何であり、短期的・長期的にどのようにニーズをクリアしていくのかを個別の教育支援計画および個別の指導計画に落とし込み、教育を行っていく（第8章「個別の指導計画と個別の教育支援計画」を参照）。

　支援を行う中で重要な観点の一つに、子どもたちの言語レベルを事前に把握しておくことがあげられる。なぜなら、支援の内容を言葉のやりとりで行うとき、どのような言葉が理解できるのか、あるいはできないのかがわからないとコミュニケーションが一方的になり、教育効果はもとより、安全性にも問題が生じるからである。また、一見、円滑にコミュニケーションをとれているように感じても、実際に支援者の意図が理解できているとは限らない。「＊＊＊はわかった？」と尋ねて「はい」と返答しても、「＊＊＊はわからなかった？」と逆の聞き方をしても「はい」と答えることも多い。つまり、問いかけに対する反応として「はい」とは応答するが、問いかけの内容について理解しているかはわからないことがある。

　逆に、指示の内容がわかっていても、それを行動に反映させるまでに時間がかかることがあり、支援者からは「わかっていない」と判断されることもある。知的障害のある子どもは、動作が遅かったり、同一の動作でもできるときとできないときがあるなどパフォーマンスが安定していないことも多い。

　支援とは、上げ膳据え膳整えるものではない。知的障害の子どもはそれなりにできることもある。できないこと、時間のかかることに対して、子どもたちが自分自身でできるように環境を調整することが求められる。言葉でわからなければ、実際にやってみせる。時間がかかりそうでもできそうであればできるまで待つ。そういったことも支援のあり方である。支援者のペースに合わせるのではなく、まずは、子どもたちのペースに支援者が合わせていく根気強さが求められる。

　また、支援した支援内容および支援方法を記録に残していくことが重要である。知的障害のある子どもの支援と大括りに捉えても、何が必要な支援なのか、何がわかりやすい支援なのかは子どもによって異なる。そのため、子ども一人ひとりへの支援履歴を残していくことは、継続的な支援を円滑に行う際に必要不可欠な資料となる。

文部科学省のHPにおいても障害別の教育支援資料が掲載されている。別途参照することを薦める。

教育支援資料　知的障害
（文部科学省，2013）

| 課題 | ● 知的障害のある児童生徒の学習上・生活上の困難さについて考えてみよう。
● 知的障害の捉え方の変遷について調べてみよう。 |

（牛山　道雄）

〈文献等〉

・American Association on Intellectual and Developmental Disabilities (2021) Definition of Intellectual Disability.
https://www.aaidd.org/intellectual-disability/definition (access 16 October 2023)

・American Association on Mental Retardation (1992) Mental Retardation: Definition, Classification, and System of Supports (9th Ed.).
（茂木俊彦監訳（1999）『精神遅滞［第9版］―定義・分類・サポートシステム』学苑社）

・American Psychiatric Association (2000) Quick Reference to the Diagnostic Criteria from DSM-IV-TR.
（高橋三郎、大野裕、染谷俊幸訳（2002）『DSM-IV-TR 精神疾患の分類と診断の手引』医学書院）

・American Psychiatric Association (2013) Desk Reference to the Diagnostic Criteria from DSM-5.
（高橋三郎、大野裕監訳（2017）『DSM-5 精神疾患の分類と診断の手引 第7版』医学書院）

・小池敏英、北島善夫（2001）『知的障害の心理学―発達支援からの理解 第4版』北大路書房

・文部科学省（2013）教育支援資料〜障害のある子供の就学手続と早期からの一貫した支援の充実〜

・文部科学省（2013〜2022）学校基本調査

・文部科学省（2021）特別支援教育の充実について

・文部科学省　（3）知的障害

・WHO（2022）ICD11

コラム❻ 知的障害と自己肯定感

　近年の教育現場では「自己肯定感を育む」ことに重点が置かれているように感じられます。スモールステップの目標が設定され、児童生徒はそれをクリアしていく中で成功体験を積み重ね、できることを増やし、周囲の支援者にほめて認めてもらい肯定感を高めていく。そんなやり方が学校教育の方法の一つのルーティーンとして認知されています。

　その一方で、成功体験が多く、高い教育目標をクリアできるような能力のある定型発達の児童生徒が「私なんて全然ダメですよ……」などうつむき、自信なさげにつまらなそうに学校生活を送っているケースも見受けられます。そんなとき、「できることを増やす」ことや「高い能力がある」ことが必ずしも自己肯定感を高め、自分自身を大切にすることにつながらないことに気づかされます。

　翻って、知的機能と適応機能が制約され、日常生活や学校生活の様々な活動をそれほど器用に上手に行うことができなくても、活き活きと楽しそうに学校生活を送っている知的障害のある児童生徒に出会うことがあります。作業学習で竹を「スパン！」と割ることができたあとに、「オレってなかなかイケてるな！」と言わんばかりにニンマリとうれしそうにほくそ笑む姿。そんな姿を眺めていると、知的障害教育の中に自己肯定感を高めるヒントがたくさん隠されているのではないかと確信します。特別支援教育は障害のある児童生徒のためならず、定型発達の児童生徒にも大きく貢献することができる。「障害のある児童生徒への教育は、教育の原点」といわれます。障害のある児童生徒の一挙手一投足から目を離すことができません！

第7章

子どもの多角的な
アセスメント

達成
目標 特別支援教育における「アセスメント」の意味
や、各種アセスメントの目的や方法・内容につ
いて理解する。

1 アセスメントとは

　英語の"assessment"は一般的に「評価」や「査定」と翻訳される。さて、そ
れでは特別支援教育の「アセスメント」はどういう意味を示しているのだろうか。
国立特別支援教育総合研究所のHPでは、アセスメントを「支援を求めている対象
が、これからどうしたいと思っているのか（主訴）、対象の特性がどのように主訴
に関わっているのかを様々な情報をもとに総合的・多面的に判断し、見たてること」
と説明している。アセスメントは心理検査と同義ではない。心理検査は一部の情報
を収集する手法であるが、アセスメントは多くの情報を包括的に考慮し、個々の

表7-1）アセスメントに必要な情報の例

対象	項目
子ども	生育歴・家庭や学校での現在の様子などの情報、心理検査、発達検査、医療歴および診断、学校の成績　など
学校	在籍児童数・支援の必要な子どもの数・教員の数、特別支援学級の有無、教員の意識、管理職の意識、特別支援教育への理解　など
地域	病院・施設・訓練機関など社会資源の有無と利用のしやすさ、各機関や行政との連携の有無、地域性　など

（国立特別支援教育総合研究所HPをもとに筆者作成）

ニーズや特性を理解するためのプロセスを含んでいる。支援を提供するためにはアセスメントが不可欠であるし、アセスメント自体が支援の一部でもある。また、アセスメントは、支援プロセスにおいて新たな情報を得るために形成的に行うものである。特別支援教育における「アセスメント」は、支援に欠かせない要素として幅広く捉えるべきである。

2 アセスメントの方法

〔1〕面接法

　支援の対象者本人、または保護者や学校の教員などの関係者と面接する中で、言語的および非言語的な情報を収集する。具体的には、主訴や経緯、話し方、応答、表情、姿勢、体の動きなどの要素に基づいて、支援が必要な子どものイメージを形成し、支援の進め方を決定していく。また、必要に応じて、新しい情報が得られた場合は、これまでの見立てを柔軟に変更することも重要である。

〔2〕観察法

　観察法には、主に自然観察法と構造的観察法の二つの種類がある。自然観察法では、子どもが遊んでいる場面など自然な状況で行動する様子を観察し、情報を収集する。これには、友だちとの会話や保護者や教員との関わりなどから子どもの行動や反応を観察し、パターンや傾向を理解することが含まれる。この方法は子どもたちの日常生活や社会的な相互作用を理解するのに役立つ。

　一方、構造的観察法は、特定の状況や課題を設定し、子どもたちの反応を計画的に観察する方法である。たとえば、特定の活動に取り組む際の子どもたちの行動や思考を記録するなどである。この方法は特定の行動やスキルの評価に役立つ。

　観察法の利点は、子どもたちの自然な行動や、環境との相互作用を捉えられることである。しかし、主観的な要素が強く、観察者のバイアスが影響を与える可能性があるため、訓練を受けた注意深い観察者が必要となる。

〔3〕検査法

　教育の場において、子どもたちを客観的に評価するために行われる検査法には様々な種類があり、どの検査を使用するかはその用途や目的に応じて選択される。

一般的に、教育現場でよく利用される検査には発達検査や知能検査、学力検査などがある。それぞれの検査には目的があり、対象の子どもの何を知りたいのかによって、適切な検査方法を選ぶ必要がある。また、信頼性と妥当性が確保された統計的検討が行われた検査を実施することで、科学的根拠をもった支援方針を策定することができる。

　一方、検査には限界があることも理解しておく必要がある。検査結果は子どもたちの全体像を網羅的に示すものではない。検査場面はある程度の特殊さが伴い、意図的であるかどうかにかかわらず、検査時の何かしらの環境的要因が結果に影響を与える可能性がある。検査の限界を理解することで、検査以外のアセスメントと比較しながら、その結果が何を表しているのかを考察する姿勢が大切である。

3 検査の説明

〔1〕知能検査

❶ WISC-V

　WISC-V（Wechsler Intelligence Scale for Children-Fifth Edition）知能検査は、ウェクスラー児童用知能検査の2021（令和3）年に発行された最新版である。対象年齢は5歳0か月〜16歳11か月、子どもの知能を測定する個別式の包括的な臨床検査であり、特定の認知領域の知的機能を表す五つの主要指標得点（VCI：言語理解指標、VSI：視空間指標、FRI：流動性推理指標、WMI：ワーキングメモリー指標、PSI：処理速度指標）と全般的な知能を表す合成得点（FSIQ）、子どもの認知能力やWISC-Vの成績について付加的な情報を提供する五つの補助指標得点（QRI：量的推理指標、AWMI：聴覚ワーキングメモリー指標、NVI：非言語性能力指標、GAI：一般的知的能力指標、CPI：認知熟達度指標）を算出する。

❷ KABC-Ⅱ

　KABC-Ⅱ（Kaufman Assessment Battery for Children-Second Edition）は1993（平成5）年に発売された知能検査K-ABCの改訂版である。対象年齢は2歳6か月〜18歳11か月、子どもの認知能力と学力の基礎となる習得度を測定することにより、両者の差異の様相と関連要因の分析が可能である。尺度は継次尺度、同時尺度、計画尺度、学習尺度、語彙尺度、算数尺度、読み尺度および書き尺度がある。

表7-2）WISC-V と KABC-Ⅱ

検査名		解釈の枠組み	下位検査
WISC-V	FSIQ※	言語理解指標（VCI）	類似、単語
		視空間指標（VSI）	積木模様、パズル
		流動性推理指標（FRI）	行列推理、バランス
		ワーキングメモリー指標（WMI）	数唱、絵のスパン
		処理速度指標（PSI）	符号、記号探し
		量的推理指標（QRI）	バランス、算数
		聴覚ワーキングメモリー指標（AWMI）	数唱、語音整列
		非言語性能力指標（NVI）	積木模様、パズル、行列推理、バランス、絵のスパン、符号
		一般知的能力指標（GAI）	類似、単語、積木模様、行列推理、バランス
		認知熟達度指標（CPI）	数唱、絵のスパン、符号、記号探し
KABC-Ⅱ	認知尺度	継次尺度	数唱、語の配列、手の動作
		同時尺度	顔さがし、絵の統合、近道さがし、模様の構成
		計画尺度	物語の完成、パターン推理
		学習尺度	語の学習、語の学習遅延
	習得尺度	語彙尺度	表現語彙、なぞなぞ、理解語彙
		算数尺度	数的推論、計算
		読み尺度および書き尺度	ことばの読み、ことばの書き、文の理解、文の構成

※FSIQ の算出に必要な下位検査は類似、単語、積木模様、行列推理、バランス、数唱、符号
（千葉テストセンター HP および日本文化科学社 HP をもとに筆者作成）

〔2〕発達検査

● 新版 K 式発達検査2020

　新版 K 式発達検査2020は、京都市児童院（現、京都市児童福祉センター）を中心とした、子どもの発達に関わる臨床家や研究者により開発され、その後改訂が重ねられた検査の最新版である。対象年齢は 0 歳〜成人、ビネーやゲゼルの発達理論や検査課題をもとに考案されている。姿勢・運動領域、認知・適応領域、言語・社会領域の三つの領域と全領域において発達年齢（Developmental Age: DA）と発達指数（Developmental Quotient: DQ）を定量的に得ることができる。生活年齢（Chronological Age: CA）が14歳以上、かつ、発達年齢がすべてにおいて14歳を超える場合には比率 DQ でなく偏差 DQ を採用する。

❷ 田中ビネー V

　田中ビネー V は、知能を各因子に分かれた個々別々の能力を集めたものと考えるのではなく、一つの総合体である一般知能として捉える田中ビネー知能検査の最新版である。対象年齢は 2 歳〜成人、知能とは方向性、目的性、自己批判性の 3 側面をもった心的能力であるとするビネー法の知能観を、日本人の文化やパーソナリティ特性、生活様式に即した問題内容で測っている。精神年齢（Mental Age: MA）と知能指数（Intelligence Quotient: IQ）を定量的に得ることができる。生活年齢が14歳以上の場合は「結晶性領域」「流動性領域」「記憶領域」「論理推理領域」の領域別および総合の偏差知能指数（Deviation IQ: DIQ）が算出される。

〔3〕発達特性の強さを測定する検査

● MSPA

　MSPA（Multi-dimensional Scale for PDD and ADHD）は、発達障害の特性の程度と要支援度を評価する尺度である。対象年齢は 2 歳〜成人、発達障害の特性について、「コミュニケーション」「集団適応力」「共感性」「こだわり」「感覚」「反復運動」「粗大運動」「微細協調運動」「不注意」「多動性」「衝動性」「睡眠リズム」「学習」「言語発達歴」の14項目の要支援度を 9 段階で評定する。評定は事前のアンケートをもとに対象者や保護者からの生活歴の聴取を通して行い、チャート図にまとめられる。要支援度は DSM-5（APA, 2013）と対応している。

〔4〕適応行動や生活能力に関する検査

❶ 日本版 Vineland-Ⅱ 適応行動尺度

　日本版 Vineland-Ⅱ 適応行動尺度は、適応行動を「個人的・社会的充足を満たすのに必要な日常生活における行動」と定義し、全般的な行動面の状態を捉えるための検査である。本人の様子をよく知っている回答者（保護者や施設職員など）に対して、定められた質問項目を順番は問わずに自然な会話の流れから適宜聞き取りを行うという半構造化面接により評価する。対象年齢は 0 歳〜92歳となっている。「コミュニケーション（受容言語、表出言語、読み書き）」「日常生活スキル（身辺自立、家事、地域生活）」「社会性（対人関係、遊びと余暇、コーピングスキル）」「運動スキル（粗大運動、微細運動）」からなる『適応行動』と、『不適応行動（内在化問題、外在化問題、その他、重要事項）』をそれぞれ得点化し、生活上の困難さや強みを領域に分けて詳細に把握可能である。

❷ 新版S-M社会生活能力検査

　新版S-M社会生活能力検査は、1～13歳の子どもの社会生活を送るための能力の発達を測定する検査である。日常生活の中で簡単に観察ができ、かつ、それぞれの発達段階における社会生活の場面で代表的な生活動作について、子どもの日常生活の様子をよく知っている保護者や教師などを対象に、質問をしながら検査用紙にチェックをつけていく形をとっている。本検査における社会生活能力とは、「身辺自立（衣服の着脱や食事、排泄など）」「移動（移動に関する動作から、交通ルールの理解や公共交通機関の利用など）」「作業（道具の扱いなどの作業遂行に関する能力）」「意志交換（言葉や文字などを用いたコミュニケーション能力の表出や理解）」「集団参加（友だちと順番に遊んだり、幼い子どもの世話を焼くなど）」「自己統制（自分の欲求を適切に抑えたり、自分の行動を目的的もしくは計画的にコントロールするなど）」からそれぞれ評価される。そして領域ごとと全体に関して、社会生活年齢（Social Age: SA）と社会生活指数（Social Intelligence Quotient: SQ）を算出することができる。

〔5〕心理特性や精神症状などを測定する検査

❶ バウムテスト

　バウムとはドイツ語で木を表す言葉であり、その名のとおり、実のなる木を1本だけ所定の用紙に描いてもらうという描画を用いた心理検査である。描かれた木には、描いた者が無意識的に抱いている自己イメージやパーソナリティの特徴が表現されると考えられている。全体的な心のエネルギーの量や、心理的な安定感の有無、自分という軸の確立具合、感情や欲求のコントロールの傾向、対人関係の状態など、多様な特徴が推察可能な検査である。また、描画を用いた検査の中でも比較的、抵抗感をもたれにくい検査である。加えて、言葉を用いた表現が不要であるため、子どもをはじめ、様々な年齢層の人や、言語的な表現が苦手な人でも実施可能である。

❷ 文章完成法（Sentence Completion Test: SCT）

　文章完成法は、未完成の文や短文といった刺激文が書かれたプリントを用意し、その文に続く文章を自由に創作して書き込んでいってもらうという手法を通じて、被検者の知能、性格、意欲、興味・関心、人生の歴史、人生観、心の安定性を含めたトータルな人間像を把握する検査である。本人の思考やこだわり、家庭環境や社会的な環境などに対して本人がどのように感じているかといったことが文章に表現

されるため、感じ方や考え方、信条や価値観が端的に示されることが多い。小学生用、中学生用、高校・成人用というふうに、特定の年齢区分に沿った内容の刺激文が用意されており、幅広い年齢で実施可能である。

❸ **子どもの強さと困難さアンケート**（Strengths and Difficulties Questionnaire: SDQ）

　SDQは子どものメンタルヘルス全般の状態を把握するスクリーニング検査である。3〜17歳までの子どもを対象として、保護者や教師が回答する保護者版、教師版、そして11歳以上の本人が自分で回答する自己評価版がそれぞれ制作されている。この検査では「行為の問題」「多動・不注意」「情緒の問題」「仲間関係の問題」からなる『（総合的）困難さ』と、「向社会的な行動」からなる『強み』を測定する。困難さに関しては、その得点から支援の必要性を「High Needs」「Some Needs」「Low Needs」の3段階で評定することができるようになっている。

SDQの
公式サイト

❹ **うつ性自己評価尺度**（Self-rating Depression Scale: SDS）

　SDSは、青年期以降の者が抑うつ症状について、抑うつ感情、身体症状、精神症状に関する計20個の質問文からなるアンケートに自分で回答することで、抑うつ症状の重症度（正常〜軽度のうつ状態〜中等度から高度のうつ状態〜極度のうつ状態）を測定する自己評定式の簡易検査である。これにより、気分の落ち込みや思考の停滞などの症状によって、自身の状況をうまく言葉で説明ができないような状況の者でも、状態を客観的に把握することが可能となる。また検査用紙には拡大版が用意されており、高齢者や弱視者を含め視覚的な困難さを抱える者でも回答がしやすいような配慮が可能となっている。

4 検査やその結果の活用法

　アセスメントは支援に欠かすことのできない要素であると述べたが、必ずしもこれらの検査は教育機関の中で教師によって実施されるわけではない。教育機関の外にある他機関において、他の専門職が実施した検査結果を、保護者の同意のもとで共有するということが一般的である。教育機関においては、教師が日々の関わり合いの中で捉えている所感や、子どもを観察することで推察される特徴と検査結果を

照らし合わせながら、包括的なアセスメントを構築することが大切である。その作業は教師が一人で十分に行えるものではなく、13章で紹介されるように、多機関多職種が連携しながら、様々な立場や専門性から捉えた状態像を一方向的・平面的にではなく、多面的・立体的にイメージしていくことが重要となる。

　また、アセスメントは支援の最初や最後にのみ行われるものではなく、一度構築したアセスメントを支援の中で積極的に検証し、修正を繰り返しながら、日々アセスメントとそれに基づく支援計画をバージョンアップしていくことが求められる。アセスメントはあくまでもその時点での仮説であり、それを固定的・絶対的なものであると捉えてしまうと、子どもをよりよく理解するためのものであったはずのアセスメントが、反対に、子どもに特定のラベリングを行ってしまい、理解を歪めるものになってしまうことに絶えず注意する必要がある。検査そのものを教師が自らの手で直接実施することは少ないとしても、検査の視点を教師が身につけ、その視点から子どもを観察することができるようになれば、子どもをより正確に捉えるための顕微鏡や望遠鏡として有効利用することが可能であるが、使い方を誤れば、子どもを見る目を歪める色眼鏡となってしまうことを忘れてはならない。

| 課題 | ●検査を一つ選び、より詳しい資料を探してきて、具体的な検査の内容や実施方法を調べてみよう。
●自己評価式の検査やアンケートをインターネットで一つ調べ、実際に回答し、その結果と実感を比べてみよう。 |

（鈴木　英太・榊原　久直）

〈文献等〉
・American Psychiatric Association (2013) Desk Reference to the Diagnostic Criteria from DSM-5.
（高橋三郎、大野裕監訳（2017）『DSM-5 精神疾患の分類と診断の手引 第7版』医学書院）
・千葉テストセンター HP　日本版 KABC-Ⅱ
https://www.chibatc.co.jp/cgi/web/index.cgi?c=catalogue-zoom & pk=76
・福島哲夫（2018）『公認心理師必携テキスト』学研メディカル秀潤社
・浜内彩乃、星野修一（2023）『心理職は検査中に何を考えているのか？』岩崎学術出版社
・国立特別支援教育総合研究所　教育相談情報提供システム　アセスメントの進め方
http://forum.nise.go.jp/soudan-db/htdocs/?page_id=62

・京都国際社会福祉センター HP　発達障害の要支援度評価尺度（MSPA：エムスパ）
　https://www.kiswec.com/publication_04
・日本文化科学社HP　WISC-V知能検査
　https://www.nichibun.co.jp/seek/kensa/wisc5.html
・新版K式発達検査研究会（2020）『新版K式発達検査2020解説書（理論と解釈）』京都国際
　社会福祉センター
・田研出版株式会社HP　田中ビネー知能検査V　http://www.taken.co.jp/vinv.html
・滝吉美知香、名古屋恒彦編著（2015）『特別支援教育に生きる心理アセスメントの基礎知識』
　東洋館出版社
・筑波大学特別支援教育研究センター、前川久男、四日市彰（2016）『特別支援教育における
　障害の理解［第2版］』教育出版

コラム⑦ 「どうして検査をするの？」

　この言葉を尋ねられたとき、あなたにはどのような返答が頭に浮かびましたか。また、誰が、どういった思いを抱えながらこの質問をしてきたと、考えましたか。

　アセスメントの必要性や、検査によってわかることについて学ぶと、検査を実施することのメリットについて目が行くのは当然のことです。教師、医師、心理士ら支援者側は、子どもが抱えているであろう困難さをより理解するためであったり、子どもの強みとなる部分や、サポートが必要になる部分を明確にするとともに、それらの情報に基づいて"その子"に合ったオーダーメイドの支援を構築したり、その必要性を周囲の関係者に説明するために検査とその結果を活用することを願って、子どもや保護者らに検査の実施を提案するでしょう。

　けれども、実際の支援現場では支援者に考えや感情があるのとまったく同じように、子どもや保護者にもそれぞれの心があり、その動きを考えずして支援は成り立ちません。では、仮に支援者が検査の実施を提案した際に、子どもや保護者が「どうして検査をするの？」と尋ね返す背景にはどのような考えや感情があるのでしょうか。

　検査の実施の必要性が話題にあがるという状況から推察するに、子どもは学習面や集団生活、対人関係などで、何らかのトラブルをめぐる登場人物として繰り返し名前があがっているかもしれません。場合によっては、学校になかなか行けなくなっている最中であるかもしれません。いずれにせよ、子どもを取り巻く様々な大人に心配されたり、注意されたりといったことをすでに子どもは繰り返し経験してきているのではないでしょうか。そういった状況の中で、ある日、担任の先生や、保護者から、「〇月〇日は、〇〇へ行って検査を受けてみよう」と言われた場合、あなたがもし子どもだったとしたら、どうしてそのような提案を自分がされたと考えるでしょうか。また同様に、そういった状況にある我が子をめぐって、学校関係者とすでに何度もやりとりをしたり、場合によっては他児の保護者らに頭を下げて回ったことがある保護者にとって、ある日、この言葉をかけられたとしたら、いったいどのようなことを思い浮かべるでしょうか。ある子は、罰せられたと不安に感じるかもしれません。ある保護者は、我が子や自分を厄介者だと排除しようとしているのではないかと、見捨てられるような怖さを抱くかもしれません。

　100％の善意からの提案だったとしても、子どもや保護者の立場に立てばそう感じても不思議ではないかもしれないと、相手の視点に立ち、その気持ちを共感的に受け止めることから、支援は始まっているのかもしれません。

第8章

個別の指導計画と個別の教育支援計画

達成目標 保育・教育等における、「個別の指導計画」「個別の教育支援計画」の特性と役割を知り、障害のある幼児児童生徒に対する、継続的、計画的な支援のあり方について理解する。

1 「個別の指導計画」「個別の教育支援計画」の歴史・概要

〔1〕「個別の指導計画」について

個別の指導計画は、1999（平成11）年の盲・聾・養護学校の学習指導要領の改訂により、自立活動についてと、重複障害者の指導について作成の義務が明示された。個別の指導計画の導入によって、より個々の特別な教育的ニーズに応じた質の高い授業提供や、継続的な支援のあり方が検討され実践されるようになった。

2006（平成18）年からは特別支援教育が開始され、障害のある子どもの支援が特別支援学校や特別支援学級、通級指導教室といった特別な「場の指導」にあわせて、通常の学級においても個々の特別な教育的ニーズに応じた指導が行われることとなった。このことにより、通常の学級に在籍する児童生徒に対しても「個別の指導計画」の必要性が一層高まった。

2010（平成22）年の特別支援学校学習指導要領の改訂により、特別支援学校（視覚・聴覚・肢体・病弱・知的〈第12章参照〉）では、すべての幼児児童生徒に対して個別の指導計画の作成が義務づけられた。特別支援学校ではこの個別の指導計画

に基づいて、児童生徒の理解のための実態把握、教材教具の準備、学習指導案の作成、授業に向けた指導内容・方法の検討、指導時間が決められてきた。個別の指導計画を作成することにより、個々の幼児児童生徒の教育的ニーズが的確に把握できるようになり、一人ひとりの子どもに適切な指導と必要な支援が行われるようになった。

　2017（平成29）年に改訂された幼稚園教育要領では「障害のある幼児など」に対して、小・中学校の学習指導要領では「通級指導教室」に通級している児童生徒と「特別支援学級」に在籍している児童生徒に、2018（平成30）年に改訂された高等学校の学習指導要領では、高等学校で新たに開始された「通級指導教室」に通級している生徒について策定することが明示された。

　「個別の指導計画」の作成は、一人ひとりの幼児児童生徒の実態に応じて効果的な指導・支援を行うための具体的な計画である（表8-1参照）。教育活動の個別最適化に向けた取り組みといえる。「個別の指導計画」に基づいた指導・支援を行いながら、計画（Plan）・実践（Do）・評価（Check）・変更（Action）といったPDCAサイクルで実践と修正を行い、引き継いでいくことが大切となる。

表8-1）「個別の指導計画」の作成意義

①一人ひとりの状態について情報を整理できる。
　⇒子どもの強み、課題となっていること、個々の特性などが見えてくる。
②目標や指導内容を明示し、子どものニーズに応じたきめ細かな指導が行える。
　⇒目標に向けての支援の具体的手立てや、それを実施した経過を記録し検討する。
③校内教職員の共通理解や校内体制づくりに役立つ。
　⇒担任だけではなく、教職員のチームによる支援を可能にする。
④個別指導に限らず、集団の中での個別的な配慮・支援についての方向性も明確になる。
　⇒場に限った支援でなく、一斉指導の中で可能な支援が共有できる。
⑤子ども自身にとっても目標が明確になる。
　⇒何に取り組んでいくのかを子ども自身が明確に理解できる。自己理解にもつながる。
⑥指導を振り返り評価し改良していくことにより、より適切な支援が実現できる。
　⇒PDCAサイクルを実践する基盤となる。
⑦引き継ぎの資料となり、一貫性のある指導ができる。
　⇒これまでの経過がわかると、今後必要となることが見えてくる。
⑧保護者の理解と協力を得るツールとなる。
　⇒保護者にこれまでの経過や子どもの変化を伝え、共通理解や連携を図る媒体となる。
⑨学級経営に効果をもたらす。
　⇒他児に対して、教師が一貫した支援のモデルを示すことができる。　　など である

このように特別な教育的ニーズのある幼児児童生徒に対して支援を行うための「個別の指導計画」は、個々の特別な教育的ニーズに対応して、指導目標や指導内容・方法を書き示し、単元や学期、学年等ごとに作成され、教科や領域、あるいは学校生活における課題などに、具体的な指導目標、内容・方法が記され、実践し記録され見直されていくものである。

〔2〕「個別の教育支援計画」について

一方、「個別の教育支援計画」は、障害のある幼児児童生徒を長期にわたって支援する視点から、教育、医療、福祉、労働等の関係機関の関係者及び保護者等が幼児児童生徒の障害の状況等に関わる情報を共有し、一人ひとりのニーズを把握して、教育的支援の目標や内容、関係者の役割分担などの支援計画を学校が中核的な役割をもって策定するものである。

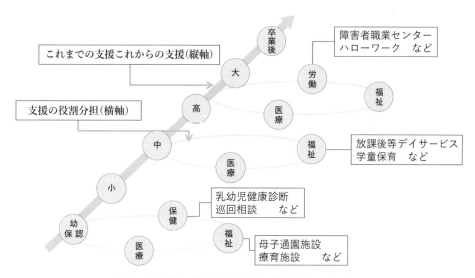

図8-1）個別の教育支援計画の縦と横のつながり

盲・聾・養護学校においては、個別の教育支援計画を策定することが、2002（平成14）年の新障害者プランにおいて明示された。一方、小学校、中学校等においても、2005（平成17）年の「発達障害のある児童生徒等への支援について（通知）」の中で、「盲・聾・養護学校、小学校等の特殊学級及び通級の指導による指導においては、自閉症の幼児児童生徒に対する適切な指導の推進を図ること。その際には、『個別の指導計画』及び『個別の教育支援計画』の作成を進めること」と記された。

さらに、2005（平成17）年の「特別支援教育を推進するための制度の在り方について（答申）」の中では、「個別の教育支援計画については、今後、小・中学校も含めた策定の推進を検討するとともに、関係機関と連携した効果的な運用方法を確立する必要がある」ことや「今後の運用状況を踏まえつつ、『個別の指導計画』と併せて学習指導要領等への位置付けを行うこと」を検討する必要があることが記されていた。

　すなわち、個々の障害のある子どもに対して、学校が中心となって学校卒業後までの長期的な視点に立ち一貫した支援の計画を他機関との連携を図りながら作成することにより、幼児児童生徒が十分に自分らしさを発揮し、インクルーシブな共生社会の中で生活していくための礎を築き、自立した生活を目指して引き継いでいく必要があることが示されたのである。

　2016（平成28）年4月に施行された「障害を理由とする差別の解消の推進に関する法律（障害者差別解消法）」において、行政機関における合理的配慮の提供が義務づけられ、各学校では、個別の教育支援計画の作成などを通じて本人・保護者との十分な合意形成を図り、一人ひとりの障害の状況に応じた合理的配慮の提供が行われるよう取り組むことが求められた。合理的配慮の内容や方法を個別の教育支援計画に記載することで、切れ目のない指導や支援が引き継がれることとなった。

　その後の展開は「個別の指導計画」と同様である。2017（平成29）年以降に改訂された、幼稚園・小学校・中学校・高等学校の学習指導要領の中で作成について明文化されることとなった。

　2021（令和3）年に障害者差別解消法が改正され、2024（令和6）年4月から、私立の保育園、幼稚園、認定こども園、学校等においても障害のある（あるいは、特別な保育・教育的ニーズのある）幼児児童生徒への合理的配慮の提供が義務化された。障害のある人もない人も、互いにその人らしさを認め合いながら共に生きる社会の実現に向けて進んでいる。そうした中で個々に必要な合理的配慮について考える際、「建設的対話」が求められる。配慮する側とされる側が共に話し合って内容を決めるのである。個別の教育支援計画の策定や見直しにあたっても、本人・保護者との話し合いが大切ということになる。

〔3〕個別の指導計画と個別の教育支援計画の比較
　「個別の指導計画」と「個別の教育支援計画」を比較したものを表8-2に示した。

表8-2）個別の指導計画と個別の教育支援計画

	個別の指導計画	個別の教育支援計画
学習指導要領との関連	特別支援学校では在籍する幼児児童生徒全員に対して義務化。 小・中学校の学習指導要領では特別支援学級・通級指導教室に在籍または通級する児童生徒に作成することが明文化。高等学校では通級指導教室に通級する生徒に作成することが明文化。 ※「気になる」児童生徒にも作成することが望ましい。	特別支援学校では在籍する幼児児童生徒全員に対して義務化。 小・中学校の学習指導要領では特別支援学級・通級指導教室に在籍または通級する児童生徒に作成することが明文化。高等学校では通級指導教室に通級する生徒に作成することが明文化。 ※「気になる」児童生徒にも作成することが望ましい。
本人・保護者の参加	作成段階から希望や願いなどを聴取することが望ましい。また、作成後に承認を得たり、共有したりして取り組みを進めることも効果的。	保護者の積極的な参画を促し、計画の内容や実施についての意見を十分に聞く。移行期には本人・保護者の承認を得て引き継ぎを行うこととなる。
内容	教育課程や指導計画、個別の教育支援計画等を踏まえて、より具体的な指導目標や指導内容・方法等を盛り込んだ計画。合理的配慮の内容を記す場合もある。	保健、福祉、医療、労働等の関係機関との連携のあり方や役割分担の内容を学校が中心となり作成する。合理的配慮の内容も記し、移行支援等の引き継ぎにも活用。
専門家の参画	専門家チーム、巡回相談員の助言などを得ることがある。	関係機関の所見をコーディネーターが中心となって集約していく。
評価方法	PDCAで一定の時期ごとに見直すことが必要。校内支援委員会での検討もある。	PDCAで一定の時期ごとに見直すことが必要。支援会議の開催もある。

個別の教育支援計画と個別
の指導計画（文部科学省）

2 個別の指導計画・個別の教育支援計画の作成

〔1〕個別の教育支援計画の様式

　個別の指導計画や個別の教育支援計画の様式は、各自治体の教育委員会等でその様式や記入例が示されていることが多い。文部科学省が示している参考様式を次に示した（図8-2、図8-3参照）。

個別の教育支援計画の参考様式

【プロフィールシート】

1．本人に関する情報

①氏名	フリガナ		②性別		③生年月日	
④園・学校名					⑤学年・組	
⑥学校長名						

⑦学びの場	□　通常の学級					
	□　通級による指導（自校・他校・巡回）　障害種別：					
	□　特別支援学級　障害種別：					
	□　特別支援学校　障害種別：					

⑧障害の状態等	主障害			他の障害		
	診断名					
	手帳の		手帳（　年　月交付）	等級		
	取得状況		手帳（　年　月交付）	等級		

⑨教育歴 （在籍年月日）	幼稚園等	園名：	（○年○月○日～○年○月○日）
	小学校段階	学校名：	（○年○月○日～○年○月○日）
		学校名：	（○年○月○日～○年○月○日）
	中学校段階	学校名：	（○年○月○日～○年○月○日）
		学校名：	（○年○月○日～○年○月○日）
	高等学校段階	学校名：	（○年○月○日～○年○月○日）
		学校名：	（○年○月○日～○年○月○日）

⑩検査	検査名		検査名		備考
	実施機関		実施機関		
	実施日		実施日		
	結果		結果		
	資料	□有　　□無	資料	□有　　□無	

2．家庭に関する情報

①住所	〒		②保護者	
③連絡先	☎　　　　　　　（　　　）			（　　　）
	☎　　　　　　　（　　　）			（　　　）
④備考				

3．関係機関に関する情報

①支援を受けた日（期間）	②機関名	③担当者名	④主な支援・助言内容等

図8-2）個別の教育支援計画・プロフィールシートの例

個別の教育支援計画の参考様式

【支援シート（本年度の具体的な支援内容等）】

1．本人に関する情報

①氏名

（フリガナ）

②学年・組

③担当者

担任	通級指導教室担当	特別支援教育 コーデイネーター		
○○○○	●●●●	□□□□		

※　本計画の作成（Plan）・実施（Do）・評価（Check）・改善（Action）にかかわる全ての者を記入すること。

④願い

本人の願い	
保護者の願い	

⑤主な実態

学校・家庭 でのようす	得意なこと 好きなこと	
	苦手なこと	

※「苦手なこと」の欄には、学校生活、家庭生活で、特に支障をきたしている状況を記入すること。

2．支援の方向性

①　支援の目標	

②　合理的配慮を含む支援の内容

※　（上段：青枠）必要な合理的配慮の観点等を記入、選択すること。
　　（下段：白枠）上段の観点等に沿って合理的配慮を含む支援の内容を個別具体に記入すること。

③　支援の目標に 対する関係機 関等との連携	関係機関名	支援の内容

図8-3）個別の教育支援計画・支援シートの例

個別の教育支援計画の参考様式
について（文部科学省，2021）

〔2〕作成にあたって

「個別の指導計画」等の作成にあたっては、他の教師から情報を得たり、保護者
から家庭生活の様子を聞いたりすることや、専門機関から諸検査の結果等の資料を
適切に得たりしながら実態把握を行い、重点課題や優先内容について協議して作成
を行うことが大切である。

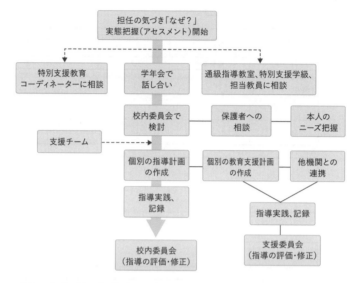

図8-4）個別の指導計画・個別の教育支援計画作成のフロート

また、作成するだけではなく、PDCAサイクルで見直していくことが重要である。

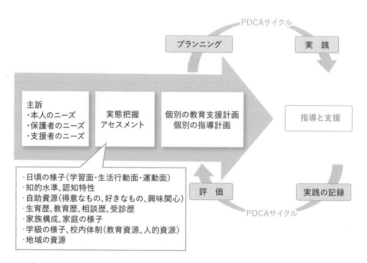

図8-5）個別の指導計画・個別の教育支援計画の作成と PDCA サイクル

〔一般財団法人特別支援教育士資格認定協会（2018）『Ｓ・Ｅ・Ｎ・Ｓ 養成セミナー 特別支援教育の理論と実践Ⅱ 指導〔第3版〕p.214の図を筆者改変〕

最後に、2017（平成29）年改訂小学校学習指導要領総則編第3章第4節児童の発達の支援からの一節を記して終える。

　　障害のある児童などについては、家庭、地域及び医療や福祉、保健、労働等の業務を行う関係機関との連携を図り、長期的な視点で児童への教育的支援を行うために、個別の教育支援計画を作成し活用することに努めるとともに、各教科等の指導に当たって、個々の児童の実態を的確に把握し、個別の指導計画を作成し活用することに努めるものとする。特に、特別支援学級に在籍する児童や通級による指導を受ける児童については、個々の児童の実態を的確に把握し、個別の教育支援計画や個別の指導計画を作成し、効果的に活用するものとする。

　　また、通常の学級に障害のある児童などが在籍している。このため、通級による指導を受けていない障害のある児童などの指導に当たっては、個別の教育支援計画及び個別の指導計画を作成し、活用に努めることとした。

課題
● 幼児児童生徒を対象に作成された「個別の指導計画」「個別の教育支援計画」を実際に読んでみよう（匿名化されたものでよい）。
● グループで話し合い、発達的課題のある幼児児童生徒に対するアセスメントの方法や、支援の方法、他の支援機関との連携等について話し合ってみよう。

（相澤　雅文）

〈文献等〉
・相澤雅文、佐藤克敏編著（2010）『「個別の指導計画」の作成と活用』クリエイツかもがわ
・一般財団法人特別支援教育士資格認定協会（2018）『Ｓ・Ｅ・Ｎ・Ｓ養成セミナー 特別支援教育の理論と実践Ⅱ 指導〔第3版〕』金剛出版
・文部科学省（2005）発達障害のある児童生徒等への支援について（通知）
・文部科学省（2005）特別支援教育を推進するための制度の在り方について（答申）
・文部科学省（2017）小学校学習指導要領（平成29年告示）
・文部科学省（2021）個別の教育支援計画の参考様式について
・文部科学省 （3）個別の教育支援計画と個別の指導計画 https://www.mext.go.jp/tsukyu-guide/common/pdf/chapter2_3.pdf （2023年10月3日閲覧）

コラム⑧　表面的発達と潜在的発達

　「表面的発達」は、表面的に見える発達、大きな変化のことです。たとえば、ハイハイしていた赤ちゃんが、ある日つかまり立ちを始める。つかまり立ちをしては転び、つかまり立ちをしては転びを繰り返していたけれど、ある日ついにつかまらずに立てるようになる、といったことです。

　こうした「表面的発達」を支える、縁の下の力持ちが「潜在的発達」とされています。毎日毎日ハイハイをしているうちに、筋力や体幹が鍛えられ、つかまり立ちができるようになる。今度は毎日つかまり立ちを繰り返しているうちにバランス感覚が育まれ、バランスをとって立てるようになる。立ててもすぐにコロリンと転んでいたけれど、バランスを崩しても足を一歩踏み出し支えることができるようになり、歩き始める。

　目に見える大きな変化の陰には、日々のたゆまぬ挑戦と努力があったのですね。

　知的な遅れのある子どもたちや発達障害のある子どもたちは、表面的発達として現れるまでに時間がかかることがあります（特に苦手な分野はね）。また、小さな段階を経て身につくことも多いのですね。そのため、支援の方法や変化の様子を記録して引き継いでいく必要があります。そうした役割を担ってくれるのが「個別の指導計画」と「個別の教育支援計画」なのです。

表面的発達と潜在的発達

表面的発達

潜在的発達

第9章

通常の学級における支援

達成
目標

通常の学級に在籍する、特別な支援を必要とする児童生徒に対する支援のあり方を理解する。

1 通常の学級における特別支援教育

〔1〕特別な教育的支援を必要とする児童生徒の実態

　文部科学省は、通常の学級に在籍する特別な教育的支援を必要とする児童生徒の実態について約10年ごとに調査を実施している。2022（令和4）年度の調査によ

表9-1）通常の学級に在籍する特別な教育的支援を必要とする児童生徒に関する調査結果の一部

〈小学校・中学校〉

	推定値（95%信頼区間）
学習面又は行動面で著しい困難を示す	8.8%（8.4%〜9.3%）
学習面で著しい困難を示す	6.5%（6.1%〜6.9%）
行動面で著しい困難を示す	4.7%（4.4%〜5.0%）
学習面と行動面ともに著しい困難を示す	2.3%（2.1%〜2.6%）

〈高等学校〉

	推定値（95%信頼区間）
学習面又は行動面で著しい困難を示す	2.2%（1.7%〜2.8%）
学習面で著しい困難を示す	1.3%（0.9%〜1.7%）
行動面で著しい困難を示す	1.4%（1.0%〜1.9%）
学習面と行動面ともに著しい困難を示す	0.5%（0.3%〜0.7%）

※「学習面で著しい困難を示す」とは、「聞く」「話す」「書く」「計算する」「推論する」の一つあるいは複数で著しい困難を示す場合を指し、一方、「行動面で著しい困難を示す」とは、「不注意」「多動性－衝動性」、あるいは「対人関係やこだわり等」について一つか複数で問題を著しく示す場合を指す。
〔文部科学省（2022）通常の学級に在籍する特別な教育的支援を必要とする児童生徒に関する調査結果についてをもとに筆者作成〕

れば、小学校と中学校においては、児童生徒のうち8.8％が、高等学校においては生徒の2.2％が「学習面又は行動面で著しい困難を示す」と報告された。ただし、この調査は学級担任を対象にしたものであるため、発達障害や知的に遅れのある児童生徒の割合を正確に示すものではない。一方で、調査項目はSLD [注1)]、ADHD [注2)]、ASD [注3)] に関連しているため、通常の学級における特別な教育的ニーズの存在を示唆していると考えられる。

〔2〕発達の視点と「気づき」

　通常の学級に在籍する特別な支援を必要とする子どもたちに適切な支援を提供するには、個々のニーズを集団の中で適切に理解することが不可欠である。そのためには、子どもたちとの日常的なコミュニケーションや他の教職員・保護者・関係機関との情報共有の中で、発達特性に焦点を当てることが極めて重要である。子どもたちの発達特性に対する「気づき」は支援の出発点であり、それを実現するためには発達の視点をもつことが必要となる。

　たとえば、体調不良のために保健室で休んでいる児童がいたとする。通常であれば、体調不良という問題そのものに対処すれば十分である。しかし、次の日に全員が発表する予定の授業があり、その児童が読字に困難を抱えている場合はどうだろうか。発表の際に多くの文章を読む必要があるのなら、保健室で休んでいる理由は体調不良だけではないかもしれない。また、もしかしたら不注意の特性があり、発表の準備ができておらず、大きな不安を感じているかもしれない。あるいは、かん黙の傾向があり、人前で話すこと自体が大きなプレッシャーになっているかもしれ

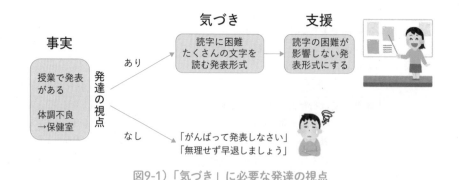

図9-1）「気づき」に必要な発達の視点

注1）SLD（Specific Learning Disorder）：限局性学習症
注2）ADHD（Attention-Deficit/Hyperactivity Disorder）：注意欠如／多動症
注3）ASD（Autism Spectrum Disorder）：自閉スペクトラム症

ない。これは一つの例であるが、発達の視点をもつことで、支援を提供するための「気づき」につながるのである。

〔3〕「個別最適な学び」の要素として

　文部科学省（2021）は、児童生徒の資質・能力の育成に向けて「個別最適な学び」と「協働的な学び」の一体的な充実をあげている。ここでいう「個別最適な学び」とは、「指導の個別化」と、興味・関心・キャリア形成の方向性等に応じた学習活動・学習課題を提供する「学習の個性化」を合わせたものである。「指導の個別化」は、支援が必要な児童生徒に対して、より重点的な指導を行うことで効果的な指導を実現することや、児童生徒一人ひとりの特性や学習進度、学習到達度等に応じて、指導方法・教材や学習時間等の柔軟な提供や設定を行うことである。これは、個々の子どものニーズに合った支援の必要性を明確に示したものであり、通常の学級における特別支援教育に焦点を当てた授業改善の重要性の再確認ともいえる。

個別最適な学び

　「個に応じた指導」（指導の個別化と学習の個性化）を学習者の視点から整理した概念

協働的な学び

　探究的な学習や体験活動等を通じ、子供同士で、あるいは多様な他者と協働しながら学ぶこと

〔4〕学校における「合理的配慮」と「基礎的環境整備」

　2016（平成28）年に施行された障害者差別解消法（正式名称：障害を理由とする差別の解消の推進に関する法律）は、2022（令和4）年に改正され、2024（令和6）年からは公立学校だけでなく、私立学校でも合理的配慮の提供が義務づけられた。

　学校における合理的配慮とは、障害のある子どもたちが他の子どもたちと同じように「教育を受ける権利」を享受できるように、学校の設置者や学校が必要な変更や調整を行うことである。また、

・障害のある子どもに対し、その状況に応じて、学校教育を受ける場合に個別に必要とされるもの

・学校の設置者及び学校に対して、体制面、財政面において、均衡を失した又は過度の負担を課さないもの

とされている。合理的配慮の提供は、特別支援学校や特別支援学級に在籍する児童生徒のみを対象としているものではなく、通常の学級に在籍する児童生徒も対象になる。合理的配慮を検討する際に、通常の学級に在籍する児童生徒の障害の状態が把握しにくい場合があることにも留意する必要がある。

　学校における合理的配慮は、各児童生徒の障害の状態や教育的ニーズ、学校や地域の状況、さらには体制や財政面によってさまざまである。したがって、児童生徒の発達特性（個人因子）と子どもたちを取り巻く環境（環境因子）がどのように相互作用し、現在の状態が形成されたかを適切にアセスメントする必要がある。また、児童生徒の状態は日々変化するため、配慮が「合理的」であるかどうかを形成的に評価し、必要に応じて修正や変更が行われるべきである。具体的には、本人や保護者と連携して個別の教育支援計画や個別の指導計画を策定し、合理的配慮の内容を決定する。

　学校における基礎的環境整備とは、法令や財政措置により、国・都道府県・市町村が、それぞれ管轄する教育環境の整備を行うことであり、「合理的配慮」の基礎となる環境整備のことを指す。

※学校における「合理的配慮」の観点については　第1章4を参照

---

2 学習面の支援

〔1〕発達の視点と授業改善

　通常の学級に在籍する子どもたちにとって、授業は学校で過ごす時間の大部分を占めている。日々の授業への参加や活動の質、理解の積み重ねは、子どもたちの認知発達、学校での適応感、そして自己肯定感に影響を与える。そのため、授業者である教員には、日ごろからの授業改善が求められる。授業の質を向上させるための大切な要素は、学習指導要領に示された教科の目標と、それを実現するための教育方法の充実である。そしてもう一つ重要な要素がある。それ

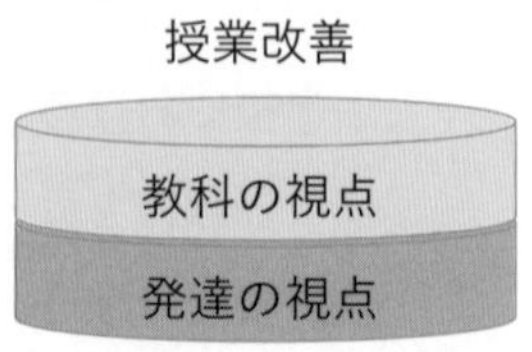

授業改善

教科の視点

発達の視点

図9-2）発達の視点を基盤にした授業改善（イメージ）

は、児童生徒の発達に焦点を当てる「発達の視点」である。

　発達の視点を基盤として授業改善を行うことで、各児童生徒の認知能力や発達特性を理解し、学習活動の質を向上することができる。

〔2〕RTIモデル

　RTI（Response To Intervention）モデルは、「通常の教育で遅れを認める児に対して診断確定を待たずに補足的な指導を行い、指導への反応により次第に強度と特殊性の高い指導へと移行していく介入方略」（関，2015）である。このモデルは、学習指導や支援などの介入を行い、その反応に基づいて特別な支援の必要性や段階を判断する指導モデルであり、多層モデルの教育的介入として提唱されている。以下では、清水（2008）、村山（2017）の研究を参考にして、代表的な3層構造のRTIモデルについて紹介する。

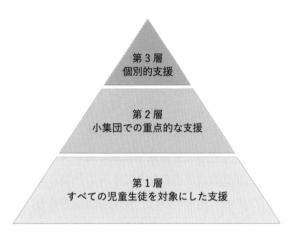

図9-3）RTIモデル（3層構造）

〔清水（2008）「『教育的介入に対する応答（RTI）』と学力底上げ政策　合衆国におけるLD判定方法に関する議論と『落ちこぼし防止』法」および村山（2017）「RTI（教育的介入に対する反応）モデルの可能性と課題―通常学級で学ぶ学習障害児の支援をめぐる議論の検討―」をもとに筆者作成〕

第1層：通常の教育における質の高い教育的介入と支援

　第1層は通常の学級において、通常の学級の教師が普段の授業を中心に行う教育的介入および支援を指す。特別な支援を必要とする児童生徒を含むすべての児童生徒に対して、わかりやすい授業方法や、生徒同士の協働的な学びを促進する方法を使い、形成的評価と指導を行うことを意味する。通常のカリキュラムに基づいた評価法を使って、学習の進捗をモニタリングする。必要に応じて通常の学級の教師が追加の補充を提供することもあるが、通常、その期間は8週間を超えない程度である。

第2層：判定・評価に基づく教育的介入とそのモニタリング

　第1層の教育的介入と支援を実施しても、学習の難しさが改善されない場合、第2層へと移行する。第2層では、通常のカリキュラムに加えて少人数のグループで重点的な教育的介入が行われる。学校は保護者と協力して、支援の計画と実施を行う。この教育的介入には、第1層よりも時間がかかることがあるが、通常、学年をまたぐ期間は設定しない。通常学級の担任だけでなく、特別支援教育の専門性をもった担当教員が協力し、休み時間や放課後に少人数のグループで継続的な学習の機会を提供する場合がこれにあたる。通常のカリキュラムを基盤にして、継続的なモニタリングと評価を行い、引き続き支援の必要な児童生徒を特定していく。

第3層：障害の認定と特別な教育的ニーズに応じた教育

　第3層では、児童生徒の困難に重点を置いた個別的な指導と支援が提供される。この層での指導や支援、そしてモニタリングは、通常の学級担任または特別支援教育担当の教員によって行われる。第1層および第2層での教育的介入とその反応の記録は、校内委員会等の専門的協議を通して評価され、個別の指導計画および個別の教育支援計画が策定される。また、標準化された検査など多様なアセスメントを実施して、認知特性や発達特性に合わせた指導や支援が行われる。通級指導教室における組織的で集中的な個別指導や少人数グループ指導はこの層の支援にあたる。

　RTIモデルを効果的に運用するためには、関係する教員や専門家が専門的なスキルをもつことが必要であり、校内の特別支援教育コーディネーターを中心とした連携体制の構築が重要となる。

〔3〕UDL（学びのユニバーサルデザイン）

　UDLはUniversal Design for Learningの頭文字を取ったもので、一般的には「学びのユニバーサルデザイン」と訳される。アメリカの教育組織であるCASTが提唱した学習の枠組みで、教育者がすべての学習者のニーズに合った教育を提供することを目的としている。以下では、CAST（2011）の「学びのユニバーサルデザイン（UDL）ガイドライン全文」を参考にして、UDLの概要を紹介する。

UDLの定義（Higher Education Opportunity Act, 2008）

「学びのユニバーサルデザイン」とは、以下のような教育実践の指針となる科学的根拠のある枠組みである。

(A) 情報の提示のしかた、生徒の応答のしかたや知識やスキルの示し方、生徒の取り組み方において柔軟性を持たせ、

(B) 適切な配慮や支援および適度な挑戦を提供し、指導上の障壁を軽減し、障害のある生徒や母語が外国語の生徒も含めた全ての生徒に対して、高い達成の期待度を維持するものである。

UDLの3原則と9つのガイドライン

原則Ⅰ：提示のための多様な方法の提供（何を学ぶか）

　　　　①知覚するための多様なオプションを提供する

　　　　②言語、数式、記号のためのオプションを提供する

　　　　③理解のためのオプションを提供する

原則Ⅱ：行動と表出に関する多様な方法の提供（どのように学ぶか）

　　　　④身体動作のためのオプションを提供する

　　　　⑤表出やコミュニケーションに関するオプションを提供する

　　　　⑥実行機能のためのオプションを提供する

原則Ⅲ：取り組みに関する多様な方法の提供（なぜ学ぶのか）

　　　　⑦興味を引くために多様なオプションを提供する

　　　　⑧努力やがんばりを継続させるためのオプションを提供する

　　　　⑨自己調整のためのオプションを提供する

 UDLガイドライン
全文（CAST, 2011）

 UDLガイドライン
グラフィック版
（CAST, 2018）

　UDLの実践には、個々の子どもの適切なアセスメントとクラスワイドな学級アセスメントが必要である。多様なオプションを提供することは、無制限に選択肢を用意することではなく、アセスメントを基に適切なオプションを提供ことを意味する。また、UDLにおける教育の目的は「学びのエキスパートを育てること」であり、このエキスパートになるためには、自身の学びに対する強みや弱みを理解すること

が含まれている。言い換えれば、UDLは子どもたちが自分でオプションを選択する力を養うことを目指している。

〔4〕授業のユニバーサルデザイン

　UDLとは異なり、「授業のユニバーサルデザイン」という教育的アプローチがある。UDLは多様なオプションを提供することに焦点を当てた学習支援の枠組みであるが、「授業のユニバーサルデザイン（以下、授業UD）」は通常学級の授業における包括的な指導・支援の理念を指す。

授業UDの定義（日本授業UD学会）
特別な支援が必要な子を含めて、通常学級の全員の子が楽しく学び合い「わかる・できる・探求する」ことを目指す授業デザイン

授業のUD化モデル

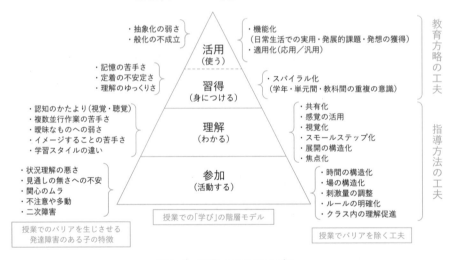

図9-4）授業のUD化モデル

〔小貫・桂（2014）『授業のユニバーサルデザイン入門 どの子も楽しく「わかる・できる」授業のつくり方』による「授業UDのモデル図」をもとに筆者作成〕

　授業UDを実践する際には、小貫・桂（2014）が提案した「授業のUD化モデル」の図を参考にすることができる。このモデルを使うと、授業における「学びの階層」や「バリア」とそれを克服する方法を一括して考えることができるため、具体的な実践をイメージすることができる。

③ 行動面の支援

〔1〕特性と環境

　不規則な発言、集団の流れについていけない、話を聞いていないなどの行動面の課題を理解する際に重要なことは、状態が特性と環境の相互作用によって生じるものである、ということである。

$$（現在の状態）＝（生得的な発達特性）×（環境）$$

　衝動的な行動があり、授業中の不規則な発言が問題となる児童について考えてみる。この児童の日々の学校生活を分析すると、不規則な発言が毎日同じ割合で発生しているわけではないことがわかる。その程度の差は環境によるものである。環境とは、本人の育ちや教師の関わり方、時間帯、天候、体調、友人関係など、生得的な発達特性以外のすべての要因を指す。たとえば、A先生の授業では不規則な発言が多く、B先生の授業では少ない場合、B先生の授業にはこの児童を支援するヒントが隠されている可能性がある。支援案を考える際に、環境が児童生徒の行動にどのような影響を与えているかを分析することが極めて重要である。

〔2〕学級づくり

　通常の学級に在籍する特別な支援が必要な児童生徒への支援において、学級づくりは最も重要な要素の一つである。人は関係性の中で生きている。子どもたちにとって、学級は多くの時間を過ごす場であり、関係性に満ちた環境である。学級風土は心理的に大きな影響を与える。すべての児童生徒が安心感と安全感をもてる学級を構築するために、教師は児童生徒一人ひとりを肯定的に評価し、その評価を学級全体で共有する機会を意識的に設けることが重要である。

全員が安心・安全と感じられる学級の要素の例

・一人ひとりの多様性が認められている
・一人ひとりの自己肯定感が育まれている
・失敗に対して寛容な雰囲気がある
・個に対する必要な支援が行われている
・先生に気軽に相談できる

また、学級全体で行う指導によって、個別指導では難しかった児童生徒の行動を改善できる場合がある。集団の規模の小さいほうが支援が充実するとは一概にはいえない。集団の力を活用することで、個への支援の充実につなげるという意識をもつことが大切である。

> | 課題 | ● RTI モデル、UDL、授業 UD の具体的な実践について調べてみよう。
● 全員が安心・安全を感じられる学級をつくるための具体的な取り組みを考えてみよう。 |

（鈴木　英太）

〈文献等〉
・CAST（2011）学びのユニバーサルデザイン（UDL）ガイドライン全文 Version2.0
　https://udlguidelines.cast.org/binaries/content/assets/udlguidelines/udlg-v2-0/udlg-fulltext-v2-0-japanese.pdf
・CAST（2018）UDL ガイドライン　グラフィックオーガナイザー
　https://udlguidelines.cast.org/binaries/content/assets/udlguidelines/udlg-v2-2/udlg_graphicorganizer_v2-2_japanese-rev.pdf
・小貫悟、桂聖(2014)『授業のユニバーサルデザイン入門 どの子も楽しく「わかる・できる」授業のつくり方』東洋館出版社
・文部科学省（2021）「令和の日本型学校教育」の構築を目指して〜全ての子供たちの可能性を引き出す、個別最適な学びと、協働的な学びの実現〜（答申）
・文部科学省（2022）通常の学級に在籍する特別な教育的支援を必要とする児童生徒に関する調査結果について
・村山拓（2017）「RTI（教育的介入に対する反応）モデルの可能性と課題—通常学級で学ぶ学習障害児の支援をめぐる議論の検討—」『教職研究』29，pp81-91
・内閣府（2023）障害を理由とする差別の解消の推進に関する法律の一部を改正する法律の施行期日を定める政令
・日本授業 UD 学会 HP http://www.udjapan.org/index.html
・関あゆみ（2015）「『治療介入法の考え方』（特集：発達性読み書き障害（dyslexia）診断と治療の進歩：医療からのアプローチ）」『脳と発達』47，pp198-202
・清水貞夫（2008）「『教育的介入に対する応答（RTI）』と学力底上げ政策　合衆国におけるLD 判定方法に関する議論と『落ちこぼし防止』法」『障害者問題研究』36(1)，pp66-74
・U.S. Department of Education（2008）Higher Education Opportunity Act
　https://www2.ed.gov/policy/highered/leg/hea08/index.html

「好きなことだけしたらいい?」

「うちの子、好きなことだけして、興味のないことは全然しないので困っています」

　こんな話を聞いたことはありませんか?　大好きな電車やキャラクターのことならば何時間でも集中するのに、勉強となると1分も座っていられない……　家の人が困って、学校の先生に相談している様子が目に浮かびます。

　「苦手なことにもがんばって取り組んでほしい」という親や先生の思いはとてもよくわかります。一方で、苦手なことに取り組む中で自信を失い、物事に挑戦する気持ちがなくなってしまうなど、二次的な問題に発展していく可能性があります。

　医師の本田秀夫氏は、20年間の追跡調査の結果から、発達障害のある人の「社会参加」や「自立生活」を促した要因として「好きなものとの関わり」の可能性をあげています(NHK, 2023)。好きなものを通して社会関係が広がっていくと自己肯定感が高まり、逆に苦手なことにもチャレンジする力にもつながります。

　子どもの「好き」には、様々な方面へ力を伸ばす「可能性の種」が秘められているのです。

だけ
好きなことからするといい!

〈文献等〉
・NHK福祉情報サイト ハートネット(2023)「好きなもの」が発達障害のある子どもに与える影響とは?　～本田秀夫さん・藤野博さんに聞く～

NHK福祉
情報サイト

第10章

通級による指導

達成目標 通級指導教室の概要や児童生徒の様相、および現状と課題について理解する。

1 通級指導教室の経緯

　通級指導教室は、1993（平成5）年度に小・中学校において制度化された。「通級による指導」とは、大部分の授業を通常の学級で受けながら、一部、障害に応じた特別な指導を通級指導教室等で受ける指導形態のことである。小・中学校の通常の学級に在籍している言語障害、情緒障害、弱視、難聴などの児童生徒に、各教科等の指導は主として通常の学級で行いつつ、個々の障害の状態に応じた特別の指導（「自立活動」および「各教科の補充指導」）を特別の指導の場（通級指導教室）で行う教育形態である。

　その後、2006（平成18）年4月に、新たな通級による指導（通級指導教室）制度が始まった。すなわち、SLD（限局性学習症：学習障害）、ADHD（注意欠如／多動症）等の児童生徒も含めて通級による指導が展開されることになった。

　通級による指導の場合は、次のとおり標準の授業時数が示されていることに留意する必要がある。【通級指導教室の種類については第3章を参照のこと】

通級による指導に関する時数

●年間35単位時間から280単位時間までを標準とする（週当たり1〜8単位時間相当）

●LD及びADHDの児童生徒は年間10単位時間から280単位時間までを標準とする

　（指導上効果が期待できると判断すれば、月1単位時間から可能）

---

2 通級指導教室の児童生徒数の推移

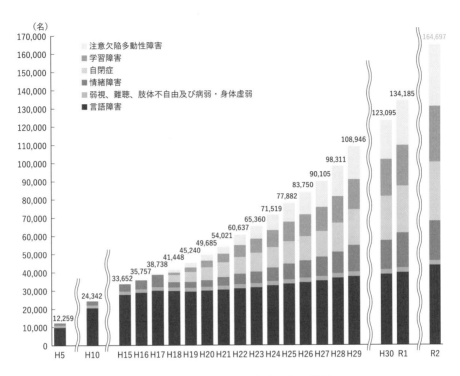

図10-1）通級による指導を受けている児童生徒数の推移（文部科学省，2023）

〔通級による指導実施状況調査（文部科学省初等中等教育局特別支援教育課調べ）〕

特別支援教育の充実について
（文部科学省，2023）

3 通級指導教室の特別の教育課程

　通級による指導の特別の教育課程を編成する際に二つの方法がある。

　まず一つ目は、在籍校の教育課程に加える場合である。その場合には、放課後等に通級による指導を受けることになる。

　二つ目は、在籍校の教育課程の一部に替える場合である。その場合は、通常の学級の授業を抜けて通級による指導を受けることになる。その際、授業を抜けた部分の学習を補う工夫が必要となる（たとえば、宿題や放課後の補習等）。いずれの場

合にも、児童生徒に過度な負担がかからないように留意する必要が生じる。

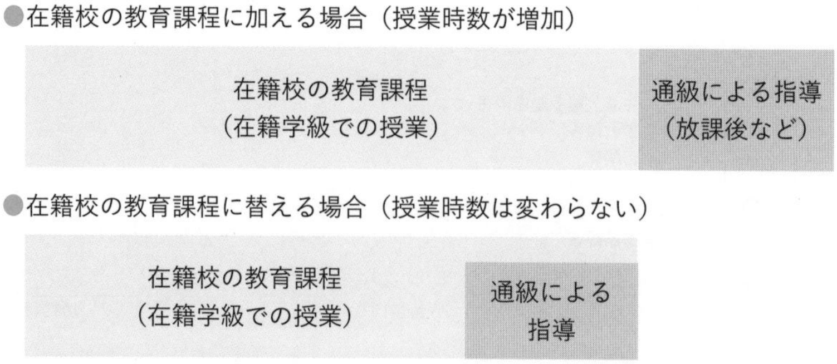

●在籍校の教育課程に加える場合（授業時数が増加）

在籍校の教育課程 （在籍学級での授業）	通級による指導 （放課後など）

●在籍校の教育課程に替える場合（授業時数は変わらない）

在籍校の教育課程 （在籍学級での授業）	通級による 指導

図10-2）教育課程に加える場合と教育課程の一部に替える場合

　通級による指導は、在籍校の教育課程に基づき、各教科等の授業を受けることを前提としながら、その上で通級による指導を受けるために、特別の教育課程を編成することが認められている。他校に行って通級による指導を受ける場合にも、教育課程の編成は在籍校がその責任において行うことが求められる。

　特別の教育課程を編成することとは、通級による指導では障害の状態の改善または克服を目的とした「自立活動」が指導の中心となることである。「自立活動」は、特別支援学校学習指導要領に示されている自立活動の内容を参考にして行うこととされている。

　通級による指導では、特に必要があるときは各教科の内容を補充するための指導も行うことができる。しかし、ここでいう各教科の補充指導とは、障害の状態に応じた特別の補充指導であり、単に教科の遅れを補充するための指導ではない。通級による指導は、教育活動の一環として法令や学習指導要領に基づき計画的に行うことになる。通級による指導の内容は、自立活動の授業時数は、一律に標準として示されておらず、個々の実態に応じて、指導目標、指導内容、指導方法や授業時数等を設定することになる。

　また、通級による指導は大きく三つの形態に分けられる。

> ■自校通級（通学の負担がない、担当教員に相談しやすい、他教員との連携がとりやすい）
> ■他校通級（放課後が多い、心理的な抵抗感に配慮しやすい）
> ■巡回通級（通級指導教室担当教員が他校を巡回する）

1　相談の申し込み（電話やFAXで申し込みがある）
　○教室案内や相談用の案内を作成し、関係機関や保護者に配布する。
　「相談してもよいことなのか、どうなのか」この時点で悩んでいる保護者は多い。
　○連絡を受けたら、相談の日時を決める。

2　保護者から悩みや子どもの様子の聞き取り（保護者から子どもの情報を集める）
　○今までの様子や困っていることなどを聞く。
　　障害等の正しい理解をしてもらうための情報提供をする場合もある。
　○子どもの初回面接のおおまかな日時を決める。

3　子どもとの初回面接（担当者の目と耳を働かせ、子どもを捉える）
　○子どもの全体像を捉えていく。
　　子どもにとっては初めての場所・相手であるため、緊張していることが多い。
　○面接時の様子や状態によっては、面接内容を変更し、柔軟に対応していく。

4　在籍校や学級担任との懇談（学校での様子や担任から見た子どもの様子を聞く）
　○在籍校では主に特別支援教育コーディネーターが窓口となって連絡、調整をする。
　　通級による指導について理解を得るための説明が必要になることもある。
　○初回面接での子どもの様子を伝える（在籍校の担任と顔合わせの機会となる）。
　　通級による指導の中ではつかめない学校での様子を聞くことも重要になる。
　○在籍校の校内就学指導委員会で検討し、関係機関へ報告をする。

5　通級の手続き（通級による指導が必要と認められた場合には、通級の手続きをする）
　　市町村によって手続き等が異なるため、手続き等については市町村の教育委員会の
　　担当者に直接問い合わせること（終了についても同様）。

6　通級の開始・終了
　○通級による指導を開始するにあたり、具体的な通級方法（曜日・時間等）を決める。
　○通級指導教室における指導目標・内容を設定する。
　○個別の指導計画を作成する。
　　「通級による指導の記録簿」を作成し、「指導要録」へも記載する。

図10-3）通級指導開始までの流れ（例）※自治体によって多様です

　各々の自治体の現状に沿って、これらの通級による指導の形態が実施されている。

4　「自立活動」の指導とは

　自立活動の目標は、「個々の児童又は生徒が自立を目指し、障害による学習上又は生活上の困難を主体的に改善・克服するために必要な知識、技能、態度及び習慣

を養い、もって心身の調和的発達の基盤を培う」とされている。

　ここでいう「自立」とは、個々の児童生徒がそれぞれの障害の状態や発達の段階等に応じて主体的に自己の能力を可能な限り発揮し、よりよく生きていくことを意味している。また、「調和的発達」とは、発達の遅れや不均衡を改善したり、発達の進んでいる側面をさらに伸ばすことによって、遅れている側面の発達を促したりする等の全人的な発達を促すことを意味する。

　自立活動の内容は、６区分27項目があげられており、その中から対象とする児童生徒に合わせて、一つから複数の内容を取り上げて取り組むことになる。

〈自立活動の内容６区分27項目〉
1　健康の保持
（1）生活のリズムや生活習慣の形成に関すること。
（2）病気の状態の理解と生活管理に関すること。
（3）身体各部の状態の理解と養護に関すること。
（4）障害の特性の理解と生活環境の調整に関すること。
（5）健康状態の維持・改善に関すること。
2　心理的な安定
（1）情緒の安定に関すること。
（2）状況の理解と変化への対応に関すること。
（3）障害による学習上又は生活上の困難を改善・克服する意欲に関すること。
3　人間関係の形成
（1）他者とのかかわりの基礎に関すること。
（2）他者の意図や感情の理解に関すること。
（3）自己の理解と行動の調整に関すること。
（4）集団への参加の基礎に関すること。
4　環境の把握
（1）保有する感覚の活用に関すること。
（2）感覚や認知の特性についての理解と対応に関すること。
（3）感覚の補助及び代行手段の活用に関すること。
（4）感覚を統合的に活用した周囲の状況についての把握と状況に応じた行動に関すること。

（5）認知や行動の手掛かりとなる概念の形成に関すること。

5　身体の動き

（1）姿勢と運動・動作の基本的技能に関すること。

（2）姿勢保持と運動・動作の補助的手段の活用に関すること。

（3）日常生活に必要な基本動作に関すること。

（4）身体の移動能力に関すること。

（5）作業に必要な動作と円滑な遂行に関すること。

6　コミュニケーション

（1）コミュニケーションの基礎的能力に関すること。

（2）言語の受容と表出に関すること。

（3）言語の形成と活用に関すること。

（4）コミュニケーション手段の選択と活用に関すること。

（5）状況に応じたコミュニケーションに関すること。

　以上のように、自立活動の内容は、人間としての基本的な行動を遂行するために必要な要素と、障害による学習上または生活上の困難を改善・克服するために必要な要素で構成されている。

　個々の児童生徒に設定する具体的な指導内容は、実態把握に基づき、必要な項目を選定し、それらを相互に関連づけて設定するものとなる。心身の調和的な発達の基盤に着目して指導するものが自立活動であり、自立活動の指導が各教科等において育まれる資質・能力を支える役割を担っている。

5 通級指導教室の方向性

〔1〕進む通級指導教室担当教員の基礎定数化

　通級による指導は、小学校や中学校で、通常の学級に籍をおいて、障害の状態等に応じた特別の指導を受けるという形態で行われる。それは、インクルーシブ教育システムの根幹を担うものとなっている。通級による指導を実施するためには、適正に教員を配置することが求められる。公立の小・中学校や特別支援学校の小・中学部の教職員数は、「義務標準法」と通称される法律によって算定される。これは「教職員定数」と呼ばれ、たとえば小学校では児童数が学年35名を超えると2クラス

に分けられ、担任となる教員が1名配当となり18名のクラスが二つつくられる。少し難しいが、この教職員定数には2種類あり、児童生徒数に応じて自動的に決まる「基礎定数」と、少人数指導やいじめ・不登校対策など学校現場が抱える教育の諸課題に対応するために、その年ごとに都道府県の申請に応じて政策的に配当される「加配定数」に分けられる。

　通級による指導を行う教員は「加配定数」⇒「基礎定数」に年次計画で移行している（加配定数の場合、通級指導教室の担当する児童生徒数が20～30名以上になることがある）。基礎定数化が進むと児童生徒一定数に対して（自治体によって異なる。10名とする自治体もあれば13名とする自治体もある）教員を1名配当するといった形でより充実した指導・支援が保障されるようになる。

〔2〕東京都の特別支援教室

　東京都教育委員会（2016）は、「区市町村では、通級指導学級及び固定学級の設置数を増やしているものの、実際に通級指導学級又は固定学級で指導を受けている児童・生徒は、特別な指導・支援が必要と考えられる児童・生徒の一部にとどまっているため、より多くの発達障害の児童・生徒が障害の状態に応じた特別な指導・

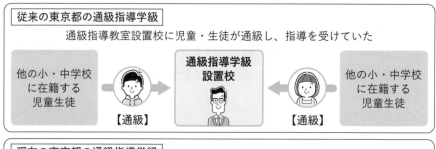

図10-4）東京都公立小・中学校の特別支援教室

〔東京都教育委員会（2021）特別支援教育の運営ガイドラインをもとに筆者作成〕

特別支援教室の運営ガイドライン
（東京都教育委員会，2021）

支援を受けられるよう区市町村を支援する必要がある」とし、「全ての公立小・中学校に特別支援教室を設置し、発達障害教育を担当する教員が各校の特別支援教室を巡回して指導することにより、通級指導学級で行ってきた特別な指導（個別指導と小集団を活用した指導による教科の補充と自立活動）を、児童・生徒が在籍校で受けられるように」するとした。その後、東京都では通級による指導を「特別支援教室」と位置づけて、すべての小学校・中学校で通級による指導が受けられるようにしている。

　この特別支援教室の設置により、これまで他校通級をせざるを得なかったために通級指導を受けられなかった児童生徒も自校で指導を受けられることとなった。こうした動きは、通級指導教室の重要性が増していることを示し、今後の通級指導教室のあり方に一定の方向性を示していると考えられる。

〔3〕高等学校における通級指導教室

　2018（平成30）年度から高等学校においても実施ができるよう、制度の改正が行われた（学校教育法施行規則・告示，2016）。また、2018（平成30）年に改訂された高等学校学習指導要領総則に「障害のある生徒などへの指導」が次のように示された。

　障害のある生徒に対して、学校教育法施行規則第140条の規定に基づき、特別の教育課程を編成し、障害に応じた特別の指導（以下「通級による指導」という。）を行う場合には、学校教育法施行規則第129条の規定により定める現行の特別支援学校高等部学習指導要領第6章に示す自立活動の内容を参考とし、具体的な目標や内容を定め、指導を行うものとする。その際、通級による指導が効果的に行われるよう、各教科・科目等と通級による指導との関連を図るなど、教師間の連携に努めるものとする。

高等学校における「通級による指導」の制度化の背景として、

> ・中学校で通級による指導を受けている生徒数の増加
> ・小・中学校で特別支援教育を受けていた生徒が高等学校においても引き続き、学びの連続性をもって指導されるべき必要性

などが指摘されていたことがあげられている。

　また、

> 　障害のある生徒などについては、家庭、地域及び医療や福祉、保健、労働等の業務を行う関係機関との連携を図り、長期的な視点で生徒への教育的支援を行うために、個別の教育支援計画を作成し活用することに努めるとともに、各教科・科目等の指導に当たって、個々の生徒の実態を的確に把握し、個別の指導計画を作成し活用することに努めるものとする。特に、通級による指導を受ける生徒については、個々の生徒の障害の状態等の実態を的確に把握し、個別の教育支援計画や個別の指導計画を作成し、効果的に活用するものとする。

とされ、後期中等教育においても、個々の特別な教育ニーズに応じた支援の充実が求められている。

課題
- 通級指導教室で実施されている「自立活動」の具体的な内容について調べてみよう。
- 小学校もしくは中学校の学習指導要領解説において、通級指導教室がどのように示されているか調べてみよう。

（相澤　雅文）

〈文献等〉
・中央教育審議会教育課程部会（2016）資料2-3：教職員定数に関する平成29年度概算要求について
・文部科学省（2017）特別支援学校　小学部・中学部学習指導要領（平成29年告示）
・文部科学省（2018）高等学校学習指導要領（平成30年告示）
・文部科学省（2023）特別支援教育の充実について
・東京都教育委員会（2016）東京都発達障害者教育推進計画
・東京都教育委員会（2021）先生も！子供も！保護者も！みんなで楽しい学校づくり　特別支援教室の運営ガイドライン

ティーチング？　コーチング？　そして……

「コーチング」という言葉を聞いたことはありますか？

コーチングは、子どもたちから答えを引き出す質問を投げかけたり、共感や傾聴を行ったりすることで子どもたち自身の気づきを促す方法です。

一方、「ティーチング」は、子どもたちに教えるという形をとり、先生が身につけている知識や技術を伝承していくという方法です。

これからの学校教育においては、それぞれのメリットを理解して活用することが大切と考えられています。

そして、もう一つ「エンパワメント」。自分のよさに気づいて自信や勇気をもつこと。

これらの三つは、昔から人を育てていく上で大切なこととされてきました。

コーチング（傾聴・話し合い）
話し合い、耳を傾け、承認し、任せてやらねば、人は育たず。

ティーチング（教示・説明）
やってみせ、言って聞かせて、させてみて、ほめてやらねば、人は動かじ。

エンパワメント（自信・勇気）
やっている、姿を感謝で見守って、信頼せねば、人は実らず。

（山本五十六さんのことばです）

コーチング
「自発的行動を促進するコミュニケーション」

自分の考えや思いが整理される
↓
気づき
↓
自発的行動
↓
目標の達成

成就感
自信

話す　聞く
子ども　先生
信頼関係
応援する
考える　質問する

■新しい気づきをもたらす
■視点を増やす
■考え方や行動の選択肢を増やす
■目標達成に必要な行動を促進する

第11章

特別支援学級の教育と対応

| 達成目標 | 小・中学校において特別支援教育を中心的に担う学級について、基本的な仕組みや障害区分、教育のポイントについて理解する。

1 対象とする障害種

　特別支援学級とは、障害のある子どものうち、障害の状態や教育上必要な支援内容、地域の教育体制の整備状況その他の事情によって適当であると認める者を対象として、小学校・中学校および義務教育学校に必要に応じて設置される学級である（学校教育法第八十一条第二項）。

　対象とする障害種は、視覚障害、聴覚障害、知的障害、肢体不自由、自閉症・情緒障害、病弱・身体虚弱、言語障害であり、各障害の就学基準が定められている（第3章）。障害区分ごとに学級を置くが、通常の学級と異なり同一学年で学級編成する必要はない。障害の判断にあたっては、障害のある児童生徒の教育の経験のある教員等による観察・検査、専門医による診断等に基づき教育学、医学、心理学等の観点から総合的かつ慎重に行うことが求められる。

　2022（令和4）年5月1日現在、義務教育段階の全児童生徒数は約952万人であるのに対し、特別支援学級の児童生徒数は約35万3千人（3.7％）と、この10年で約2倍に増加している。

　特別支援学級は、きめ細やかな指導を行うため少人数で編成され、8人を上限とする（公立義務教育諸学校の学級編制及び教職員定数の標準に関する法律第三条）。担当教員の特別支援学校教諭免許状保有率は約3割であり（文部科学省，2022）、専門的な知識や指導力を高めるため、教育委員会や大学等で開催している免許法認

定講習等を活用することが望ましい。

　教育課程は、学校長が責任者となり編成し、学級担任のみならず学校として児童生徒の障害の状態や特性、心身の発達段階、学級の実態を十分踏まえておく必要がある。作成の手順は、①実態把握、②教育目標の設定、③教育内容の組織化・指導形態の工夫、④指導計画の作成、⑤指導計画の見直し・修正、である。

　知的障害のない場合、小学校・中学校の当該年度の学習指導要領に沿って編成するが、知的障害のある場合は、下学年の教科の目標・内容に替える、あるいは特別支援学校小学部・中学部の学習指導要領を参考に、実態に応じた教育課程を編成する（学校教育法施行規則第百三十八条）。

　いずれの場合も、障害による学習または生活上の困難を改善克服し自立を図るために、自立活動[注1]を取り入れる。なお、検定教科書を使用することが適当でなければ、他の適切な教科用図書を使用することができる（学校教育法施行規則第百三十九条）。

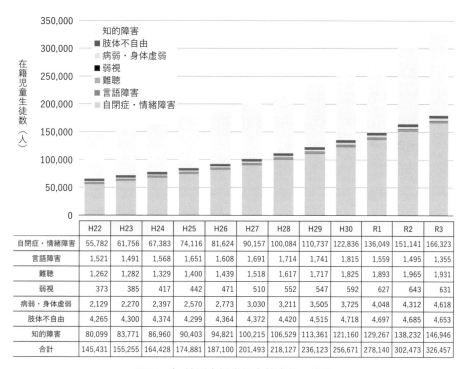

	H22	H23	H24	H25	H26	H27	H28	H29	H30	R1	R2	R3
自閉症・情緒障害	55,782	61,756	67,383	74,116	81,624	90,157	100,084	110,737	122,836	136,049	151,141	166,323
言語障害	1,521	1,491	1,568	1,651	1,608	1,691	1,714	1,741	1,815	1,559	1,495	1,355
難聴	1,262	1,282	1,329	1,400	1,439	1,518	1,617	1,717	1,825	1,893	1,965	1,931
弱視	373	385	417	442	471	510	552	547	592	627	643	631
病弱・身体虚弱	2,129	2,270	2,397	2,570	2,773	3,030	3,211	3,505	3,725	4,048	4,312	4,618
肢体不自由	4,265	4,300	4,374	4,299	4,364	4,372	4,420	4,515	4,718	4,697	4,685	4,653
知的障害	80,099	83,771	86,960	90,403	94,821	100,215	106,529	113,361	121,160	129,267	138,232	146,946
合計	145,431	155,255	164,428	174,881	187,100	201,493	218,127	236,123	256,671	278,140	302,473	326,457

図11-1）特別支援学級在籍者数の推移

〔文部科学省（2024）特別支援教育資料（令和4年度）より筆者作成〕

注1）第10章 4 を参照

効果的な学習活動の展開を図るために、障害特性への配慮や指導の工夫を行った上で学習の場を通常の学級に設定し、交流および共同学習を取り入れる。通知表は、障害の種類や能力の違いが大きいことから特に個別性が高く、個々の目標および指導・支援と評価をまとめる。児童生徒の成長や努力にも焦点を当て、学習意欲につなげる内容としたい。

以上の教育内容は、特別支援学級児童生徒への作成を義務づけられている「個別の教育支援計画」および「個別の指導計画」に反映させ、保護者との十分な協議の上に理解と協力を得て、切れ目のない指導を行う必要がある。

2 弱視特別支援学級

〔1〕定義・対象

視覚障害とは、視力や視野などの視機能が十分でないために、見えない、見えにくい状態をいう。盲とは、点字を常用し、主として聴覚や触覚を活用した学習を行う必要のある者をいい、弱視とは、視力が0.3未満の者のうち普通の文字を活用するなど、主として視覚による学習が可能な者をいう。このうち、視力が0.1未満の者を強度弱視、0.1以上0.3未満の者を軽度弱視という。特別支援学級の対象となる障害の程度は、拡大鏡等の使用によっても通常の文字、図形等の視覚による認識が困難な程度のものである。

〔2〕原因

原因となる疾患は、社会環境の変化、医療の進歩、衛生思想の普及により大きく変化した。かつて見られた感染症や栄養障害による視覚障害は激減し、小眼球・虹彩欠損、未熟網膜症、角膜白斑、視中枢障害、緑内障、白内障、網膜色素変性症、糖尿病網膜症、黄斑部変性症等がある。

〔3〕教育課程

弱視特別支援学級では、個々の見え方に適した教材・教具や学習環境を工夫して、各教科、道徳、特別活動のほか、自立活動では弱視レンズの活用や視覚による認識力を高める指導などを行う。通常学級との交流や共同学習を実施している科目は、芸術・実技教科が多く、国語、算数・数学の実施は少ない。

視覚情報保障として（写真11-1）、単眼鏡、拡大読書器（据置型、ハンディ型）、遮光眼鏡などの視覚補助具が、教科書は検定教科書の他、拡大教科書などが使用されている。通常の学級で学ぶ弱視の児童生徒に対しては、「障害のある児童及び生徒のための教科用特定図書等の普及の促進等に関する法律」〔「教科書バリアフリー法」2008（平成20）年6月〕が法的根拠となり、拡大教科書の使用が増加した。さらに、文字の拡大や音声読み上げ等が学習上の困難の程度を低減させる場合には、すべての教育課程で「デジタル教科書」が使用できる。ICT機器、特にタブレット型コンピュータのほかデジタルカメラ、テレビ・プロジェクター、実物投影機、教科書等のスキャンデータが使用されている。

左：拡大教科書
中：拡大読書器（据置型）
右：近用弱視レンズ（卓上型）

写真11-1）視覚障害教育を支える教材・教具

　特別支援学級の教員には、弱視児への指導、視覚障害教育の基礎理解、視覚機能検査等の指導力、各教科の指導力などが求められており（全国盲学校長会, 2016）、視覚障害教育の専門性向上と、互いのリソースを活かすためにもネットワークの構築が求められる。

③ 難聴特別支援学級

〔1〕定義・対象

　聴覚障害とは、身の回りの音や話し言葉が聞こえにくい、聞こえない状態をいう。特別支援学級への就学基準は、「補聴器等の使用によっても通常の話声を解することが困難な程度のもの」である。難聴児は、幼児期に聾学校幼稚部や難聴幼児通園施設、ならびに幼稚園・保育所との併行通園を経て、難聴学級に就学する。

地域で学びたいという本人や保護者の願いを反映して、特別支援学級の設置が進み（2005〈平成17〉年：632学級/1,158人、2022〈令和4〉年：1,401学級/1,945人）、児童生徒数と学級数は増加している。1人から数人という少人数学級が多く、京都市では2023（令和5）年度5月現在、小学校2校（7学級）、中学校1校（3学級）に集約し、難聴学級を設置している（文部科学省，2023）。

〔2〕原因

　障害の原因となる部位により伝音性難聴、感音性難聴、混合性難聴、障害の生じる時期により先天性（遺伝的要因、胎内感染症、薬物等）、後天性（頭部外傷、感染症等）と分類され、音声獲得時期と大きく関わる。

　近年は、新生児聴覚スクリーニング検査[注2]による超早期発見、人工内耳[注3]（図11-2)装着者の増加、デジタル補聴器の開発と普及など、医療の発展に伴う子どもを取り巻く環境の変化が著しい。約9割の保護者は健聴者である。

　聞こえの状態は、音への反応をみる幼児用聴力検査、オージオメーターを用いた聴力検査が実施される。軽度難聴（25〜50デシベル）、中等度難聴（50〜70デシベル）、高度難聴（70〜90デシベル）、重度難聴（90デシベル以上）と分類される。

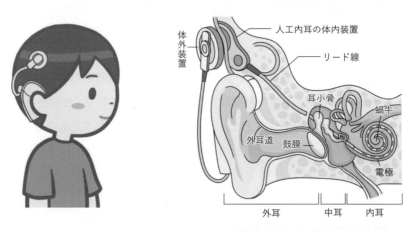

図11-2）人工内耳を装着する子どもと体内の仕組み

注2）1,000人に1〜2人が有する先天性難聴を早期発見し、適切な援助を行うため、新生児期に脳波を使ったABR等で行う検査。約8割強の新生児が産科で受けている。
注3）日本耳鼻咽喉科頭頸部外科学会では、小児人工内耳適応基準（2022）を、1歳以上で聴力障害が重く、補聴器の効果が不十分な場合と定めた。術前から術後の療育に至るまで、家族及び医療施設内外の専門職種との協力体制を前提条件としている。

〔3〕教育課程

　聴覚障害の程度が軽度の子どもたちは、聴覚の活用に重点を置く指導や、抽象的な言葉の理解や教科に関する学習を行う。必要に応じて通常学級でも学習し、子どもの可能性の伸長に努める。通常学級における情報保障は、プリントなどの視覚情報の提供、PC通訳、手話などにより行われる。健聴の児童生徒との交流や、基礎学力の定着、学校全体の配慮（口元を見せはっきりと話す、板書や資料配布、座席、静穏な環境）も重要である。

聴覚障害教育の手引
（文部科学省，2020）

 知的障害学級

〔1〕定義・対象

　特別支援学級の対象は、記憶、推理、判断などの知的機能の発達に遅滞があり、他人との意思疎通に軽度の困難があり日常生活を営むのに一部援助が必要で、社会生活への適応が困難である程度のものであり、児童生徒数は特別支援学級全体の約半数を占める（文部科学省，2024）。

〔2〕原因

　知的障害の代表的な原因疾患を発生時期別にみると、出生前には遺伝性疾患や染色体異常、脳奇形の他、胎内感染症、毒性物質（アルコール、放射線、薬物）などの要因がある。周産期には、新生児仮死、新生児黄疸、感染症や脳出血などが、出生後は頭部外傷、中枢神経系の感染症や腫瘍、てんかん、などが原因となる。最も多いのは、原因が特定できない先天性の知的障害である。一般的に、乳幼児健診や保護者によりことばの遅れなどで気づかれ、発達検査・知能検査により程度が判定され、療育教室に通い、療育手帳を取得していることが多い。

〔3〕教育課程

　知的障害児では教科学習で学んだ知識を、実際の生活で応用されるよう留意する必要がある。そのため必要に応じて特別支援学校の教育内容等を参考にしながら、特別の教育課程を編成でき、小集団の中で、個に応じた生活に役立つ内容が指導される。

特別の教育課程には（図11-3）、①学年相応の教科等＋下学年の教科等＋自立活動、②下学年の教科等＋自立活動、③知的障害特別支援学校各教科等＋（下学年の教科等）＋自立活動、④知的障害特別支援学校各教科等＋自立活動、のパターンがあり、児童生徒が最も力を伸ばせるように編成する。小学校では、体力づくりや基本的な生活習慣の確立、日常生活に必要な言語や数量、生活技能などの指導を実施している。中学校では、それらをさらに充実させるとともに、社会生活や職業生活に必要な知識や技能などを指導する。総授業時数は、通常学級と同じであるが、各教科・領域等の授業時数は弾力的な取り扱いができる。また、自立活動に充てる授業時数は、児童の障害の状態等に応じて適切に定める。指導の形態の一つとして、児童生徒の実態に応じて「各教科等を合わせた指導」を行うことができる（学校教育法施行規則第百三十条）。これは、各教科等[注4]、道徳、特別活動、自立活動の一部または全部を合わせて指導を行うことを指し、日常生活の指導、遊びの指導、生活単元学習、作業学習がある。小学校の教科「生活」は、特別支援学校小学部の「生活」とは目標・内容とも異なることに留意する。

	月	火	水	木	金
1	日常生活の指導				
2	国語	数学	国語	数学	国語
3	道徳	技術・家庭	体育	総合的な学習の時間	数学
4	音楽	技術・家庭	外国語	総合的な学習の時間	音楽
5	保健体育	自立活動	生活単元学習	美術	生活単元学習
6			生活単元学習	美術	生活単元学習

（網かけは、交流学級での学習。ただし、目標・内容は生徒に合わせて設定する）

	月	火	水	木	金
1	日常生活の指導				
2	自立活動				
3	作業学習	国語	作業学習	生活単元学習	数学
4	作業学習	職業・家庭	作業学習	生活単元学習	保健体育
5	音楽	生活単元学習	美術	作業学習	総合的な学習の時間
6		生活単元学習	美術	作業学習	総合的な学習の時間

（知的障害特別支援学校中学部の各教科の目標・内容。交流・共同学習は、特別活動で行い、特別の教科 道徳は教育活動全体を通じて指導する）

図11-3）特別支援学級（中学校）の週時程の二つの例

注4）知的障害を前提とした指導形態であるため、小学校・中学校の各教科とは異なる。

5 肢体不自由学級

〔1〕定義・対象

　肢体不自由とは、身体の動きに関する器官が、病気やけがで損なわれ、手足や体幹に永続的な障害があり、歩行や筆記などの日常生活動作が困難な状態をいう。関節や脊椎の拘縮や変形が見られることも多い。

　肢体不自由の特別支援学級に在籍する児童生徒のうち、学校教育法施行令第二十二条の三に該当する生徒も一定数在籍し、重度の障害への対応も求められている。

〔2〕原因

　かつては、ポリオ、結核性骨関節病変、先天性股関節脱臼などが占める割合が高かったが、ワクチン開発など予防の普及、早期発見システムや治療法の開発により、これらの疾患は減少した。一方、脳や脊髄など中枢神経系に原因を有する比率が増加した。原因疾患を部位別にみると、脳性疾患（脳性まひ、脳外傷後遺症ほか）、脊椎・脊髄疾患（二分脊椎、脊髄損傷ほか）、筋原性疾患（筋ジストロフィー、重症筋無力症ほか）、骨系統疾患（骨形成不全症、胎児性軟骨異栄養症ほか）、代謝性疾患（マルファン症候群ほか）、四肢の奇形、骨関節疾患（先天性股関節脱臼、ペルテス病ほか）などがある。

〔3〕教育課程

❶ 環境調整

　座る、立つ、歩く、登るなどの移動や、字を書く、食事、衣類の着脱、排せつなどの日常生活動作に困難が生じる。個々の障害の種類や程度をアセスメントした上で、段差をなくす、廊下や教室の整理整頓、車椅子で入れるトイレにするなど校内全体のバリアフリー化や、廊下やトイレの手すり、姿勢保持に役立つ椅子や机の使用、洋式便器、上下式レバーの手洗い、補助具の活用、食器や衣類の工夫などにより、学校生活や学習上の困難を軽減する必要がある。移動の困難を踏まえ、災害・緊急時の避難経路の確保や、校外学習など長距離移動時の介助者の確保にも配慮する必要がある。

❷ 教育課程

　知的障害のない場合、基本的には小・中学校の学習指導要領に沿って、各教科、

道徳、特別活動、総合的な学習の指導が行われるが、特別支援学校学習指導要領を参考とした特別の教育課程による指導を行うことができ、自立活動として歩行や筆記などに必要な身体の動きの指導なども行う。また、各教科の目標および内容に関する事項の一部を取り扱わないことができる。たとえば、「体育」のうち球技などの学習が困難・不可能な場合は、この内容を履修させなくてもよい、という趣旨である。

　授業では、個々の障害の状態に応じて適切な教材・教具を用いるとともに、コンピュータ等の情報機器などを活用して指導効果を高める。わずかな体の動きで使用できる各種入力スイッチ、会話や意思伝達を助ける意思伝達装置がある。教科指導のうち、体育や図工、音楽等の実技を伴う学習では、教材・教具の工夫や配慮、書字や計算については時間延長や量の調整も必要である。知的障害がない場合も、認知機能の困難を有する場合、教材や指導法に工夫を要する。学校においては、支援機器を整えるだけでなく、興味・関心を引き出し、考えて表現する力、主体性を育てることが重要である。

　特別支援学校のセンター的機能を活用し、外部専門家（理学療法士、作業療法士、言語聴覚士等）の助言を受けることも有効である。2021（令和3）年6月に「医療的ケア児及びその家族に対する支援に関する法律」が公布され、通常の学校にも看護師を配置するなどの体制整備が求められている。幼稚園から高等学校に在籍する医療的ケア児は2015（平成27）年度839名、2022（令和4）年度2,130人（通常学級1,090人、特別支援学級1,040人）と増加傾向にあり、血糖値測定・インスリン注射、導尿、喀痰吸引、経管栄養の順に多い（文部科学省, 2023）。担任は保護者と十分な話し合いのもと、看護師、養護教諭と共に医療機関との連携を行う。また、各教科や給食など様々な活動を通じて、通常学級との交流および共同学習を積極的に行うとよい。

小学校等における医療的ケア実施
支援資料（文部科学省, 2021）

 ## 病弱・身体虚弱特別支援学級

〔1〕定義・対象

　病弱とは、慢性疾患等のため継続して医療や生活規制を必要とする状態。身体虚弱とは、病気にかかりやすいため継続して生活規制を必要とする状態をいう。在籍

児童生徒数は1979（昭和54）年度の8,313人をピークに減少していたが、近年緩やかな増加傾向を示している。

〔2〕原因

　呼吸器疾患、腎臓疾患、神経疾患、虚弱・肥満、心臓疾患、心身症、悪性新生物、内分泌疾患、血液疾患、筋・骨格疾患、その他と、500を越える多様な疾患がある。1935～1945年頃の結核、第二次世界大戦後の栄養失調、高度成長期のアレルギー疾患や肥満を経て、心身症・不登校など児童精神科の治療を要する児童生徒が増加し、疾患構成は社会情勢、医療技術の進歩、疾患の多様化などの影響を受ける。近年は長期入院が減少し、短期や繰り返しの入院が多く、復学には至らない在宅の児童生徒もいる。そのため、多様な学びの場の連続性が重要な課題となり、柔軟な教育指導体制整備が求められる。

〔3〕教育課程

　病院内に設置された学級や、小・中学校内に設置された学級、在宅への訪問教育がある（図11-4）。院内学級では、退院後には地域に戻るため、前籍校と連携を図り各教科等の学習を進めるほか、自立活動では自身の慢性疾患に向き合い、心身の健康維持や改善を図る学習を行う。入院中は、病気への不安や家族と離れている孤

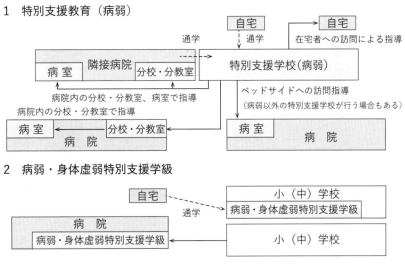

図11-4）病弱教育の場

〔全国特別支援学校病弱教育校長会(2009)「病気の子どもの理解のために〈パンフレット〉学校の先生方へ」より引用〕

独感によって、心理的に不安定な状況に陥りやすい。学校教育は単に学習の空白を埋めるのではなく、子どもの意欲・生きがいにつなげるなど、生活環境の質の向上に留意する。

入院中に制約される体験的学習や集団活動の補てんのためICT機器を活用した取り組みも効果的である。退院後は、病状に合わせた教育を行うため、病名のみならず留意点（体調不良時の対応、服薬や処置、食事や運動制限等）を把握し、登下校・掃除・授業など学校生活場面に応じた対応が求められる。医療情報は守秘義務がある個人情報であり、校内での会話や文書保存にも慎重な配慮を要する。本人の病気の認識や受容など、心理状態についても十分な情報を得た上で、保護者や医療機関とチームとなり支援をすることが望まれる。

7 言語障害学級

〔1〕定義・対象

言語障害とは、「発音が不明瞭や、話し言葉のリズムがスムーズでなく、話し言葉によるコミュニケーションが円滑に進まない状況であること、また、そのため本人が引け目を感じるなど社会生活上不都合な状態であること」をいう。年代別では、小学校低学年での児童生徒数が多く、次いで小学校高学年と続く。一方、通級による指導を受けている児童生徒数は、特別支援学級の約35倍にのぼる（文部科学省，2024）。

〔2〕原因

構音障害が最も多く約40％を占め、次いで言語発達の遅れが約

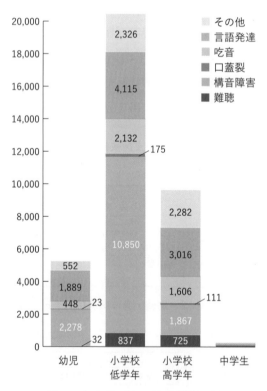

図11-5）年代ごとの障害種別人数

〔国立特別支援教育総合研究所（2017）B-312 平成28年度全国難聴・言語障害学級及び通級指導教室実態調査報告書をもとに筆者作成〕

25%、吃音が約12%、口蓋裂が約1%、その他（図11-5）と続く。その他には、発達障害、選択性かん黙、失語症、高次脳機能障害、外国にルーツ等の項目が含まれる。さまざまな理由によるコミュニケーションの障害であり、見逃されやすいこと、医療との連携を視野に入れる必要性があることや、発達的観点を重視した指導が重要、といった特徴がある（青野，2016）。

〔3〕教育課程

　知的障害のない場合、基本的には小・中学校の学習指導要領に沿って指導が行われるが、特別支援学校学習指導要領を参考とした特別の教育課程による指導を行うことができる。自立活動においては、言語機能の評価（構音における障害音の特定や発音の誤り、吃音の頻度や特徴）、心理的要因の影響などを把握する。また言語発達については、直接観察や保護者からの情報収集、各種検査を行い、実態を把握した上で指導する。自閉スペクトラム症では、言葉の発達の遅れはなくとも、字義通りに解釈する、思ったことをそのまま発言する、などの理由で対人トラブルにつながりやすいことから、言葉の機能評価が必要となる。

　構音障害への指導では、舌などの口腔器官や口腔機能を意識させるなどして、構音の改善を図る。吃音の指導では、リラックスできる環境を心がけ、発話への指導を行う。言語発達の遅れに対しては、語彙・構文力の拡充、音韻意識の向上、読み書き指導など、子どもの発達段階に合わせた指導を行う。発達障害については、社会性の向上や感情のコントロール、言葉の意味理解の指導などを取り入れる。

　子どもの気持ちに寄り添い、興味や関心に即した遊びや会話等を通して、教師との好ましい関係をつくり、課題であるコミュニケーションへの自信や意欲の基礎づくりを行うことが重要となる。

8 自閉症・情緒障害学級

〔1〕定義・対象

　文部科学省は、かつて「情緒障害」として自閉症を包括していたが、2009（平成21）年に自閉症・情緒障害と改称した。それ以降「自閉症又はそれに類するもので、他人との意思疎通及び対人関係の形成が困難である程度のもの」および「主として心理的な要因による選択性かん黙等があるもので、社会生活への適応が困難

である程度のもの」と定義された。特別支援学級では、自閉症と情緒障害を一つの設置対象としているが、通級指導教室では指導対象を分けている。

〔2〕原因

　自閉症またはそれに類するものとは、DSM-5-TR[注5]では自閉スペクトラム症や社会的コミュニケーション症などが含まれる。自閉スペクトラム症は、社会的コミュニケーションと対人的相互反応の障害、常同性・固執性・感覚異常といった特性を有する、神経発達症群の一つである。情緒障害には、DSM-5-TRでは場面かん黙などの不安症群に分類される疾患群が含まれる。

〔3〕教育課程

　知的障害のない場合、基本的には小・中学校の学習指導要領に沿って指導が行われるが、特別支援学校学習指導要領を参考とした特別の教育課程による指導を行うことができる。不登校を経験している児童生徒も多く、自尊心や学力、対人技能などを丁寧にアセスメントし、段階的に指導を行う。学校の集団生活そのものがストレスとなり得ることを意識する必要がある。

　自閉スペクトラム症では、発達特性による見通しのもちにくさにより、突然の予定の変更や、初めての場所・人・事柄に不安を抱く可能性があるため、時間や空間・情報の構造化が有効であり、事前の予告と確認は不安を低減する。また、プリントや黒板に書いて視覚化する、教室空間を整理し機能的に使用する、場所と作業内容を対応させることも有効である。その学年に期待される行動も、暗に期待するのではなく、明確に提示することが求められる。感覚異常、たとえば聴覚過敏にイヤーマフの装着を許可するなど、不快な感覚への配慮が必要となる。場に応じた適切な行動や発言など、対人関係の形成や生活に必要なルールなどの指導も重要である。認知機能の偏りや、限局性学習症（SLD）、注意欠如／多動症（ADHD）、発達性協調運動症（DCD）を併存していることがあり、発達検査等による認知機能の評価、医療との連携、読み書き・算数のアセスメントや教材の工夫が行動改善につながることがある。

　場面かん黙は、特定の場所や人としか話さないなど、環境による影響が大きく、

注5）DSM-5-TR：アメリカ精神医学会が編集した『精神疾患の診断・統計マニュアル』（邦訳　医学書院，2023）

不安障害を併せ有することが多い。認知行動療法が有効とされており、人・場所・活動をスモールステップで調整して行動の変化を図る支援が行われる。子どもとのコミュニケーションは、話し言葉のみならず、筆談の活用や、動作や態度、表情などの非言語コミュニケーションも汲み取る必要がある。学校環境の整備や教育内容、指導方法を工夫し、安心して活動できる雰囲気の中で心理的安定を図り、自信をつける取り組みが重要である。

> **課題**　●なじみのある地域の小学校・中学校の HP から、特別支援学級の授業や行事、活動の様子を探してみよう。

（小谷　裕実）

〈文献等〉
・青野幸代（2016）「言語障害者に対する教育的支援」吉利宗久、是枝かな子、大沼直樹共編著『新しい特別支援教育のかたち　インクルーシブ教育の実現に向けて』培風館
・かんもくネット（2008）『場面緘黙Ｑ＆Ａ　幼稚園や学校でおしゃべりができない子どもたち』学苑社
・国立特別支援教育総合研究所（2017）B-312 平成28年度全国難聴・言語障害学級及び通級指導教室実態調査報告書
・文部科学省（2020）聴覚障害教育の手引　言語に関する指導の充実を目指して
・文部科学省（2021）小学校等における医療的ケア実施支援資料〜医療的ケア児を安心・安全に受け入れるために〜
・文部科学省（2022）特別支援教育資料（令和3年度）
・文部科学省（2023）学校基本調査
・文部科学省（2023）令和4年度学校における医療的ケアに関する実態調査結果（概要）
・文部科学省（2024）特別支援教育資料（令和4年度）
・名古屋恒彦（2015）「『障害者の権利に関する条約』の下での知的障害教育教科」『発達障害研究』第37巻第3号，pp201-208
・高木潤野（2016）「情緒障害者に対する教育的支援」吉利宗久、是永かな子、大沼直樹共編著『新しい特別支援教育のかたち　インクルーシブ教育の実現に向けて』培風館
・横田雅史監修（2017）『病弱教育Ｑ＆Ａ　PART Ⅰ—病弱教育の道標—【オンデマンド版】』ジアース教育新社
・吉橋裕治（2015）「肢体不自由児総論」篠田達明監修『肢体不自由児の医療・療育・教育』金芳堂
・全国盲学校長会（2016）「視覚障害教育の現状と課題」第56号，pp18-44
・全国特別支援学校病弱教育校長会、国立特別支援教育総合研究所（2009）「病気の子どもの理解のために〈パンフレット〉学校の先生方へ」

コラム⑪　不登校と医療機関

　Aさんは、朝になると頭やお腹が痛くなり、今日も学校に行けそうにありません。昨夜は「明日は学校に行く」と張り切っていたのに。お母さんが「お休みさせます」と学校に連絡を入れた途端、痛みは消えます。テレビを見ようとすると、「元気なら家の手伝いをしなさい！」と言われます。

　不登校者数の増加がとどまるところを知りません。2022年度小・中学校の不登校者数は約30万人と公表され、過去最多を更新しました。2012年度に増加に転じて以降、11年連続で増え続けています。コロナ禍で生活リズムが乱れたことや、保護者の意識の変化も関係しているのではないかと、多くの教育関係者が分析しているようです。

　不登校の要因にはいろいろありますが、その多くは子どもたちの心の状態と関連しています。不登校は診断名ではなく「心理的・情緒的・身体的あるいは社会的要因や背景により、児童生徒が登校しない、したくともできない」状態をさす言葉ですが、診療の対象になるでしょうか。

　まず、不登校の子どもたちは「起立性調節障害」「過敏性腸症候群」「機能性頭痛」といった心身症を発症することがあります。心身症とは、心理社会的因子が関連し、身体症状を示すものです。「起立性調節障害」は、起立性低血圧によって頭痛、吐気、立ち眩みなどが生じる自立神経失調状態。「過敏性腸症候群」は腹痛と下痢、便秘を繰り返す機能性の腸の病気。「機能性頭痛」には緊張性頭痛と片頭痛があります。いずれも、仮病ではなく実際に苦痛を伴います。病気じゃないからと無理に登校させるのではなく、丁寧に訴えを受け止めることが大切です。

　また、見逃してはいけないのが、自閉スペクトラム症、注意欠如／多動症、限局性学習症などの発達障害や、境界知能や軽度知的障害のある子どもたちです。周囲に気づかれず、うまくいかない経験を積み重ねて自信を喪失し、不登校になったのかもしれません。

　以上から、医療機関の的確なアセスメントに基づく診断、加えて特別支援教育のリソースの活用により学校内外に居場所ができると、不登校の解消につながることがあります。

第12章

特別支援学校の教育と対応

> 達成目標　特別支援学校で行われる特別支援教育について、基本的な仕組みを知るとともに、障害の種類ごとの教育の役割や特徴を理解する。

1 対象とする障害種

〔1〕障害種と学校および児童生徒数

　特別支援学校の対象となる障害は、視覚障害者、聴覚障害者、知的障害者、肢体不自由者または病弱者（身体虚弱者を含む）であり、障害の程度は学校教育法施行

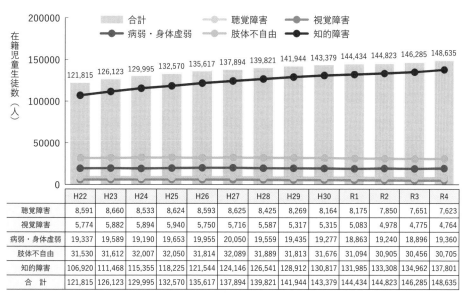

	H22	H23	H24	H25	H26	H27	H28	H29	H30	R1	R2	R3	R4
聴覚障害	8,591	8,660	8,533	8,624	8,593	8,625	8,425	8,269	8,164	8,175	7,850	7,651	7,623
視覚障害	5,774	5,882	5,894	5,940	5,750	5,716	5,587	5,317	5,315	5,083	4,978	4,775	4,764
病弱・身体虚弱	19,337	19,589	19,190	19,653	19,955	20,050	19,559	19,435	19,277	18,863	19,240	18,896	19,360
肢体不自由	31,530	31,612	32,007	32,050	31,814	32,089	31,889	31,813	31,676	31,094	30,905	30,456	30,705
知的障害	106,920	111,468	115,355	118,225	121,544	124,146	126,541	128,912	130,817	131,985	133,308	134,962	137,801
合　計	121,815	126,123	129,995	132,570	135,617	137,894	139,821	141,944	143,379	144,434	144,823	146,285	148,635

図12-1）特別支援学校在籍幼児児童生徒数の推移

（複数の障害を有している場合は、障害ごとに重複してカウントしているため、障害種別の合計と計とは一致しない）
〔文部科学省（2024）特別支援教育資料（令和4年度）をもとに筆者作成〕

令第二十二条の三に規定されている（第3章）。

　障害の種類・程度、教育的ニーズ、本人・保護者の意見、教育学・医学・心理学など専門的な見地、学校や地域の状況等を踏まえた総合的な観点から、市町村教育委員会が就学を決定する。その際、十分な情報提供を行った上で本人・保護者への意見を尊重し、合意形成を行うことが重要である。なお、就学先の決定は固定されたものではなく、子どもの発達や適応等によって柔軟に対応する。義務教育段階の児童生徒数は減少傾向にあるが、特別支援学校の幼児児童生徒数は増加傾向にある（図12-1）。2007（平成19）年の学校教育法改正により、特別支援学校は複数の障害種別を対象としている。盲学校、聾学校とも学校種は特別支援学校であるが、現在も障害種を明記した視覚特別支援学校（盲学校）、聴覚特別支援学校（聾学校）の名称が使用されている。

〔2〕教員の専門性

　特別支援学校の教員は、小学校・中学校・高等学校または幼稚園の教員の免許状のほかに、特別支援学校教諭免許状の取得が原則必要とされ、障害の種別（視覚障害者、聴覚障害者、知的障害者、肢体不自由者または病弱者の5領域）を特定して授与される。特別支援学校の教員のうち、当該障害種の免許状保有率は87.2％（前年度比0.7％↑）、新規採用教員では80.9％（前年度比0.6％↑）と、増加傾向にある。障害種別では、知的障害教育、肢体不自由教育は約9割、病弱教育は約8割、聴覚障害教育は約6割、視覚障害教育は約6割5分である（文部科学省，2023）。

〔3〕教育課程

　幼稚園、小学校、中学校または高等学校に準ずる教育のほか、障害による学習上または生活上の困難を克服し、自立を図るために必要な知識技能を授けることを目的とし（学校教育法第七十二条）、一人ひとりの能力と可能性を最大限に伸ばし、自立し社会参加するための基盤となる生きる力を培うことをねらいとして編成される。なお、知的障害を除く4障害では、自立活動を加える他は通常の教育に準じた枠組を有しているのに対して、知的障害に関してのみ法令上も独自の教育課程の枠組を認め、教科については枠組のみならず目標、内容についても独自に定めている（名古屋，2015）。

　担任は、「個別の指導計画」「個別の教育支援計画」を作成し、子どもの障害特性や心身の発達段階等の実態把握を十分に行い、指導目標および具体的な指導内容を

設定する。自己選択・自己決定する機会を設けて、思考・判断・表現する力を高める指導内容や、子どもの主体的・対話的な学びの実現に向けた授業を通し、資質・能力を育む効果的な指導を行う。指導形態として、合科的、段階的な指導、個別指導やグループ別指導、繰り返し指導や習熟度に応じた学習、興味・関心を重視した課題学習、補充的な学習や発展的な学習など、さまざまな学習活動を取り入れる。基本的には、複数の担任が複数の児童生徒に対応する形式をとる。

　特別支援学校学習指導要領（2017：2019）では、その他カリキュラム・マネジメントによる教育の改善・充実や、柔軟な学びの選択を踏まえた幼稚園・小・中・高等学校の教育課程との連続性、重度重複化・多様化への対応、卒業後の自立と社会参加も改訂のポイントとしている。

令和4年度特別支援学校教員の特別
支援学校教諭等免許状保有状況等調
査結果の概要（文部科学省，2023）

2　視覚障害（視覚特別支援学校）

〔1〕定義・対象

　視覚障害とは、視力や視野などの視機能が十分でないために、まったく見えなかったり、見えにくかったりする状態をいう。視覚特別支援学校（自治体によっては、盲学校）の対象者は、両眼の矯正視力がおおむね0.3未満の児童生徒、または視力に関係なく視機能の障害が高度な児童生徒で、拡大鏡などの使用によっても通常の文字、図形などの視覚による認識が不可能または著しく困難な程度のものであり、盲児と弱視児が在籍している。

　視覚特別支援学校の在籍者数は、1959（昭和34）年10,264人（1校あたりの平均在籍数135人）であったのに対し、2022（令和4）年度は4,764人（1校あたりの平均在籍数34人）と減少傾向にある。重複学級が占める割合は、1989（平成元）年に24.8％であったのが2022（令和4）年度は45.0％と、障害の重度・重複化が見られる（文部科学省，2024）。

〔2〕教育課程

　多くの視覚特別支援学校には、幼稚部・小学部・中学部・高等部（本科・専攻科）が設置され、幼児期からの一貫した教育を行う。幼稚園・小学校・中学校・高等学

校に準ずる教育を行うが、重複障害がある場合は、個々の実態に合わせて教育を行う。視機能は、眼疾患、視力（遠距離視力、近距離視力、最大視認力）、視野、色覚等を評価する。発達については、広D-K式視覚障害児用発達診断検査（0～5歳に適用）の他、標準化された発達検査・知能検査の視覚的課題を含まない検査を活用して把握する（全国盲学校長，2018）。

　弱視児の指導では、子どもにとって見えやすい条件を整えるため、拡大、縮小（全体像を視野内に入れる）、図と地のコントラストの増強、色彩への配慮、単純化とノイズ除去、明るさへの配慮、学用品の選定などの手立てがある。教科書については、フォントやレイアウト等も配慮された拡大教科書の他、2019（平成31）年4月には学校教育法の一部改正により、検定教科書や附則第九条図書の電磁的に記録した教材（「デジタル教科書」など）が使用されている。

　一方盲児の指導では、聴覚情報（活字⇒音声）や触覚情報（活字⇒点字・実物）に置き換えるため、ビデオ教材や立体模型も有効である。平面教材（図・絵）を触図にするため、立体コピー、バキュームフォーマー、レーズライター等が使われる。点字器具には（写真12-1）、点字タイプライター（点字盤、パーキンスブレイラーなど）、点字プリンター、立体コピー機、点字教科書のほか、算数教材、実験器具、生活用具がある。点字教科書は、検定教科書1冊が2～3冊（1冊の厚み3～4cm）となる。近年は、ICT機器の進歩により多くの機器が指導に活かされており、タッチタイピング、ファイル・フォルダの操作、携帯端末との連携など、パソコンの指導は不可欠である。視覚特別支援学校の教員には、ICTリテラシーの修得のほか、点字の指導力、歩行等の自立活動の指導力も求められている。

　高等部には、理療科、保健理療科といった職業教育課程（本科・専攻科）が設置されており、「卒業見込み」を得て、あん摩マッサージ指圧師、はり師およびきゅう師の国家試験を受験できる。

 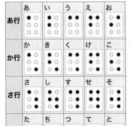 

左：点字タイプライター、中：点字50音図、右：漢字テキスト

写真12-1）視覚障害児の教材

遠隔地による通学困難な生徒等のために、寄宿舎が設置されていることが多い。視覚特別支援盲学校は、自校の教育のみならず、通常学級、特別支援学級など地域の視覚障害教育の支援センターとしての役割も果たす。

3 聴覚障害（聴覚特別支援学校）

〔1〕定義・対象

　就学基準は（学校教育法第二十二条の三）「両耳の聴力レベルがおおむね60デシベル以上のもののうち、補聴器等の使用によっても通常の話声を解することが不可能又は著しく困難な程度のもの」である。聴覚特別支援学校（自治体によっては、聾学校）の在籍者数は、昭和30年代の約2万人をピークに減少傾向にあり、2022（令和4）年度は7,623人（単一障害3,964人、重複障害3,659人）である（文部科学省, 2024）。

〔2〕教育課程

　教育にあたっては、聞こえの程度、障害の部位、障害の生じた時期の三つの視点で理解することが必要である。現在は障害の多様化・重複化が見られることから、個に応じたコミュニケーション手段（音声、読話、文字、キュード・スピーチ、手話、指文字など）を活用し、医療技術（新生児聴覚スクリーニング検査[注1)]、人工内耳[注2)]）や補聴器・補聴システム（小型化・高品質化）、情報・通信技術の進歩に

左：補聴器の仕組み、中：FMマイク、右：幼稚部の口形記号を利用した指導　口形記号―50音を色と単純な形の組み合わせで表し、ひらがな習得につなげる

写真12-2）聴覚特別支援学校の学習

注1）第11章注2に同じ
注2）第11章注3に同じ

も対応した教育が展開されている。幼稚部では、3歳未満の乳幼児への指導や保護者への教育相談を行い、補聴器や人工内耳などの聴覚活用を進めている。また、表情・身振りや手話など、視覚を重視したコミュニケーション環境で、丁寧で明瞭な話し言葉を中心に、子ども同士のコミュニケーション活動を活発にし、言語力の向上を図る。視覚的ツールを活用して書き言葉（仮名文字や指文字）への移行を支援するなど（写真12-2）、日本語の基礎を培う。小・中学部では、小・中学校に準じた教科指導等を行い、基礎学力の定着、書き言葉の習得、抽象的な言葉の理解に努める。さらに、発達段階等に応じて指文字や手話等を活用したり、自己の障害理解を促したりするなど、自立活動の指導にも力を注いでいる。高等部には、普通科のほかに産業工芸や機械、印刷、被服、情報デザイン等の多様な職業学科が設置され、生徒の適性や希望等に応じた職業教育が行われている。なお、遠隔地、または心身の障害の状況により通学困難な児童生徒を対象に、寄宿舎を設置している聴覚特別支援学校もある。

　聴覚特別支援学校は、難聴学級や通常学級へのセンター的機能を担う。乳幼児の育児相談、補聴器フィッティング、音響的配慮や聴覚学習支援の助言、個別の指導計画作成の支援、理解啓発研修、関係諸機関との連携など、広い継続した支援が求められる。

 知的障害

〔1〕定義・対象

　知的障害特別支援学校の適応となるのは、第3章で示されているように、

1　知的発達の遅滞があり、他人との意思疎通が困難で日常生活を営むのに頻繁に援助を必要とする程度のもの

表12-1　2022年度特別支援学校の学校数、幼児児童生徒数

区分	学校（級）数	幼児児童生徒数（人）
知	582（18,108）	86,431
知・肢	154（7,331）	29,140
知・病	14（672）	2,740
知・肢・病	28（1,203）	4,440
知・他4障害	15（528）	1,828

〔文部科学省（2024）特別支援教育資料（令和4年度）より引用作成〕

134

2　知的発達の遅滞の程度が１の程度に達しないもののうち、社会生活への適応が
　著しく困難なもの

である。

　2022（令和４）年度の知的障害を対象とする特別支援学校（級）数、幼児児童
生徒数を示す（表12-1）。知的障害単一障害が約86,000人と最も多く、次いで知的
障害＋肢体不自由が約29,000人と続く（文部科学省，2024）。

〔２〕教育課程

　知的障害の程度は最重度から軽度まで幅広く、その他の併存する障害の状態等に
も配慮を要するため、弾力的な教育課程を編成する必要がある（図12-2、図12-
3）。特別支援学校（知的障害）の指導内容は、子どもたち一人ひとりの言語、運動、知
識などの発達の状態や社会性などを把握した上で、生活に役立つ内容を実際の体験
を重視しながら、個に応じた指導や少人数の集団で指導を進めていく。小学部では
基本的な生活習慣や日常生活に必要な言葉の指導など、中学部ではこれらを一層発

区分	小学部	中学部	高等部
教科別の指導	生活	国語	《普通教科》 国語、数学、理科、保健体育、社会、音楽、美術、職業、家庭 選択（外国語、情報）
	国語	社会	
	算数	数学	
	音楽	理科	
		音楽	
	図画工作	美術	《専門教科》 農業、工業、家政 流通・サービス、福祉
	体育	保健体育	
		職業・家庭	
		設けることができる ［外国語 その他特に必要な教科］	《学校設定教科》
特別の教科 道徳	道徳	道徳	道徳
領域別の指導	特別活動	特別活動	特別活動
	自立活動	自立活動	自立活動
外国語活動	３年生以降 設けることができる		
総合的な学習の時間		総合的な学習の時間	総合的な学習の時間

図12-2）知的障害児への教育課程

〔文部科学省（2017, 2019）特別支援学校学習指導要領をもとに筆者作成〕

展させ、集団生活や円滑な対人関係、職業生活についての基礎的な事柄の指導などが行われる。高等部においては、家庭生活、職業生活、社会生活に必要な知識、技能、態度などの指導を中心とし、たとえば、木工、窯業、農園芸、食品加工、ビルクリーニングなどの作業学習を実施し、特に職業教育の充実を図っている。

	月	火	水	木	金
1	日常生活の指導				
	自立活動				
2	国語			特別活動	
	算数				
3	生活単元学習				
4					
5	音楽	体育	音楽	体育	自立活動
6	自立活動			日常生活の指導	
	日常生活の指導				

図12-3）小学部週時程（例）

特別支援学校学習指導要領（文部科学省，2017：2019）では、小学校・中学校の各教科等の目標や内容は、知的機能の障害は個人差が大きいことから学年別に区分せず、育成を目指す資質・能力の三つの柱（知識及び技能、思考力・判断力・表現力、学びに向かう力・人間性）に基づき整理され、小学部3段階、中学部2段階、高等部2段階で示されている。知的障害児の場合、学習によって得た知識や技能を実際の生活の場面で応用できるよう配慮が必要であり、実際的・具体的な指導が効果的である。そのため、指導形態として「各教科等を合わせた指導」（作業学習、生活単元学習、遊びの指導、日常生活の指導）として授業を編成されることが多い。また、知的機能全般の制約のため、失敗体験や、一人でできない体験を積み重ね、自尊感情が低くなることにも留意する必要がある。一方で、自ら考えて判断し、行動に移したその結果を受け止められるように、時に励まし見守る姿勢も必要である。

教科書には、文部科学省検定済教科書の当該学年用や下学年用の他、文部科学省著作教科書、学校教育法附則第九条の規定による教科用図書（絵本等の一般図書）がある。文部科学省著作教科書には、国語、算数・数学、音楽があり（通称☆本・ほしぼん）、障害の状態等に合わせて選択する（小学部1段階☆、2段階☆☆、3段階☆☆☆など）。なお、学習上の支援のために必要に応じて「デジタル教科書」を紙の教科書に代えて使用することができる。

5 肢体不自由

〔1〕定義・対象

肢体不自由とは、身体の動きに関する器官が、病気やけがで損なわれ、歩行や筆

記などの日常生活動作が困難な状態である。肢体不自由の原因は、脳性まひなどの脳性疾患が約75%を占める（図12-4）。2022（令和4）年度の児童生徒数は、肢体不自由の単一障害が9,175人であるのに対し、重複障害は39,966人（知・肢29,140人、知・肢・病4,440人、他）と約4倍を占める。

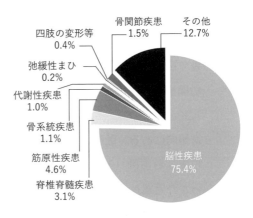

図12-4）特別支援学校（肢体不自由）起因疾患

〔檜皮（2016）「肢体不自由者に対する教育的支援」より引用〕

〔2〕教育課程

　個々の障害の状態や発達段階に合わせて編成され、幼稚園、小学校、中学校、高等学校に準じた教育を行う場合から、自立活動を中心とする場合まで、多岐にわたる。障害の重複や重度であるほど、自立活動に充てられる比重が大きくなる。自立活動の区分「身体の動き」においては、児童生徒の運動および認知発達を把握した上で、理学療法士、作業療法士、言語聴覚士らの指導助言を受け、身体の動きの改善・向上やコミュニケーションの力を育てる指導を進めることが推奨される（写真12-3）。

　治療や健康上の理由等により通学が困難な児童生徒に対しては、家庭や医療機関への訪問教育が実施されるが、授業時数が限られ、集団参加が少なくなるため、指導内容の精選や情報通信ネットワーク等を活用した他者との関わりの機会を設けるなどの工夫が必要となる。また単一障害の児童生徒は、教科学習の実践において学習集団が組みにくいといった課題がある。

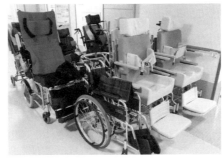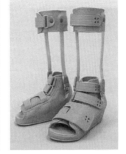

左：歩行器、中：車椅子、右：短下肢装具

写真12-3）装具のいろいろ

病院で機能訓練を行う子どもや医療的ケアを必要とする子どもに対しては、医療との連携を大切にした教育を進められている。医療的ケアとは、一般的に家庭や学校で日常的に行われている衛生管理等の医行為であり、喀痰吸引、経管栄養、気管切開部の衛生管理の順に多い。特別支援学校の在籍者数は2010（平成22）年度7,306人、2022（令和４）年度8,361人（通学6,411人、訪問教育1,950人）と漸増傾向にある。医師の指示で家族が日常的に介護として行っているが、特別支援学校では看護師（2022〈令和４〉年度2,913人）の他、公的研修を受けた担任教諭らが介護福祉士・認定特定行為業務従事者となり（2022〈令和４〉年度4,233人）、家庭や医療機関との綿密な連携のもと実施している。

　特別支援学校学習指導要領（文部科学省，2017：2019）でも、障害の重度・重複化、多様化への対応がポイントとされ、教師間の協力した指導や外部専門家の活用により学習効果を高めることと規定されている。

令和4年度学校における医療的ケアに関する実態調査結果（概要）（文部科学省，2023）

 # 病弱（身体虚弱を含む）

〔1〕定義・対象

　病弱特別支援学校の対象者は、「慢性の呼吸器疾患、腎臓疾患及び神経疾患、悪性新生物その他の疾患の状態が継続して医療又は生活規制を必要とする程度のもの、および身体虚弱の状態が継続して生活規制を必要とする程度のもの」である。

　医療の発展や治療の変化により、慢性疾患のある子どもの在籍状況は影響を受け（表12-2）、時代に即した教育の対応が求められる。病状に合わせて、病院から自宅へと生活拠点が変化するため、通常学級担任を含めた多様な学びの場の連続性が求められる。

　病弱教育の実態調査によると（日下，2015）、心身症などの行動障害が増加傾向にあり、この病類群には神経症・摂食障害、発達障害や不登校なども含まれ、今日的課題の一つである。発達障害児は、通常学級で級友とのトラブルや学習困難の末に、不安障害や強迫性障害などの二次的な障害の併発や不登校となるリスクがある。入院期間は、筋ジストロフィーなどの神経・筋疾患や、重症心身障害児病棟に入院する重度・重複障害児を除くと、短期化や繰り返し入院が増加している。

表12-2）病類別にみた特別支援学校（病弱）等の在籍者数の変化（人）

病類	平成3年	平成19年	平成25年
結核など感染症	9	28.5	19
腫瘍など新生物	225	604	706
貧血など血液疾患	99	82.5	114
糖尿病など内分泌疾患	152	166	200
心身症など行動障害	833	1,343	1,623
筋ジスなど神経系疾患	1,455	1,064	1,052
眼・耳・鼻疾患	8	83.5	109
リウマチ性心疾患など循環器系の疾患	105	324.5	463
喘息など呼吸器系の疾患	1,192	327.5	241
潰瘍など消化器系疾患	69	107.5	121
アトピー性皮膚炎など皮膚疾患	46	104	142
ペルテス病など筋・骨格系疾患	282	179	169
腎炎など腎臓疾患	751	223	218
二分脊椎など先天性疾患	217	319.5	514
骨折など損傷	68	129	130
虚弱・肥満など	568	243	183
重度・重複など	－	784	1,105
その他の疾患	478	411.5	209
合　計	6,557	6,524	7,318

〔日下（2015）「平成25年度全国病類調査にみる病弱教育の現状と課題」より引用〕

〔2〕教育課程

　授業では、小・中学校等とほぼ同じ教科学習を行うが、病気等により医療や生活上の管理が必要な子どもに対して、適切な配慮のもと教育を行う。入院中は、病院に併設した特別支援学校やその分校、または病院内にある学級に通学して学習する。在宅療養中もしくは院内学級のない場合は、定期的に家庭や病院に教員を派遣して訪問教育をすることができる。特別支援学校から小・中学校へのスムーズな復帰を行うために、学校間で交流および共同学習を実施することもある。

　自立活動では、身体面の健康維持とともに病気の理解、不安などに対する心の健康維持のための学習を行う。治療等で生じた学習空白に対しては、グループ学習や個別指導による授業を行う。病気のために長時間の学習が困難な場合は、学習時間を短くするなど柔軟に配慮する。

（小谷　裕実）

〈文献等〉
・檜皮修（2016）「肢体不自由者に対する教育的支援」吉利宗久、是永かな子、大沼直樹共編著『新しい特別支援教育のかたち　インクルーシブ教育の実現に向けて』培風館
・日下奈緒美（2015）「平成25年度全国病類調査にみる病弱教育の現状と課題」『国立特別支援教育総合研究所研究紀要』第42巻，pp13-25
・文部科学省（2017）特別支援学校　小学部・中学部学習指導要領（平成29年告示）
・文部科学省（2019）特別支援学校　高等部学習指導要領（平成31年告示）
・文部科学省（2023）令和4年度学校における医療的ケアに関する実態調査結果（概要）
・文部科学省（2023）令和4年度特別支援学校教員の特別支援学校　教諭等免許状保有状況等調査結果の概要
・文部科学省（2024）特別支援教育資料（令和4年度）
・名古屋恒彦（2015）「『障害者の権利に関する条約』の下での知的障害教育教科」『発達障害研究』第37巻第3号，pp201-208
・杉本健郎（2015）「医療的ケア」玉村公二彦、清水貞夫、黒田学、向井啓二編集『キーワードブック特別支援教育　インクルーシブ教育時代の障害児教育』クリエイツかもがわ
・全国盲学校長会編著（2018）『新訂版 視覚障害教育入門Q&A―確かな専門性の基礎となる基礎的な知識を身に付けるために―』ジアース教育新社

コラム⑫ 「虫好きの著名人　今むかし」

　平安時代後期の短編集「堤中納言物語」にある「虫愛づる姫君」をご存じですか？美しく気高いが、お年頃になっても化粧せず、お歯黒をつけず、眉毛を整えず、ひらがなを書かず、可憐なものではなく毛虫を愛する風変わりな姫君で、太政大臣・藤原宗輔の娘がモデルといわれているそうです。お供の者や子どもたちに昆虫の名前をつけ、虫を捕まえさせて飼育するという凝りようです。この姫君は、強いこだわりと書字の困難を有し、世間のルールに関心のない、もしや発達特性のある女性であったのでは……と頭をかすめます。堂々とした態度を小気味よいと感じるのは、私だけでしょうか。

　時代は昭和。少年時代、野山や小川、防空壕や廃墟まで足を伸ばし、虫の観察や虫取りが好きで、図鑑好き。飼育に工夫を凝らしてクラスで一番の「昆虫博士」になった人がいます。その後、インベーダーゲームをプレイして以来テレビゲームの虜となり、後に世界的人気キャラクターの生みの親となります。20年前に英国の自閉症学校を訪問したとき、「ポケモンの国から来ました」と自己紹介したところ、子どもたちから羨望の眼差しを向けられ、ちょっぴり優越感を覚えました。

　同世代と興味・関心のもち方が違い、好きなこと・モノは徹底的に調査、収集し、想像力を掻き立てられる子どもは、今も昔もいるのですね。「虫愛づる姫君」がもしタイムスリップして現代の小学生になったら、果たして集団になじんでいたでしょうか。

　特定分野に特異な才能を有する児童生徒の抱える課題解決に、先人や偉人から学ぶことは多いかもしれません。

12

特別支援学校の教育と対応

141

第13章

家庭や関係機関との連携

達成
目標

障害受容をめぐる支援のあり方や、子どもと家族を支援する機関の連携方法について知り、家庭や様々な関係機関と連携しながら教育・支援を進めていく必要性を理解する。

1 親子や関係者を支えるための連携を目指して

〔1〕連携の必要性とその要となる者

　障害の有無にかかわらず、一人の人間の人生を考えたときに特定の機関や支援者、もしくは特定の理論や技法だけでそのすべてをサポートすることはできないことは、多くの人が自分自身の人生を振り返ったときに感じることだろう。特に障害のある子どもやその家族においては、日々の生活の中で時に本人や家族の心やからだに大きな負担が生じ、その治療やケアのための支援や、その予防や療養のために様々な制度や機関を活用することも必要となってくる。では障害のある子どもやその家族の支援にはどのような機関や職種が携わっているのだろうか。大きく二つに分類されるのだが、支援には医療・教育・福祉・心理などの各専門機関と専門職によるフォーマルな支援と、家族や友人・知人などによるインフォーマルな支援とがある。そしてこれらの支援の要には保護者が位置しており、家族全体を支援して暮らしを安定させることは、その核にある子どもを支援することに他ならない。

　なお、特にフォーマルな支援を活用する際には、それぞれの機関や支援者らがバラバラにではなく、当事者の抱える願いや苦悩や、支援に関わる様々な情報を共有し、チームとなって支援を行っていくという、多機関多職種連携が重要である。ただし連携を行うにあたっては、保護者に連携や情報共有に関する同意を得るという

ことが欠かせない。家族の一人ひとりには守られるべきプライバシーがあり、支援者は職務上知り得た個人情報を許可なく部外者に口外しないという守秘義務を守る必要がある。守秘義務には、同一の支援機関内であれば一定の情報を共有することを容認する共同守秘という考え方が存在したり、自他の生命の危機や重大な犯罪に関わるリスクがある場合においては守秘義務よりも生命の安全等を優先するといった例外は存在するものの、そのような場合でも、可能な限り本人らの同意を得ることが、その後の支援関係を保つためには有効である。

〔2〕保護者との連携における留意点

　子どもや家族のためにも、様々な専門性をもつ支援者や多様な機関との連携を図り、きめ細かい支援のネットワークを構築していきたいと支援者が願う場合であっても、そうした支援者の言動が家族の目にはどのように映りうるのかということについては、慎重に気を配る必要がある。

　我が子の発達に何らかの不安を抱えている日々において、もしくは我が子が学校でトラブルを繰り返し起こしているという話を担任から聞かされて過ごす日々において、ある日、学校以外の専門機関に足を運ぶことや、その機関と情報共有や連携することを求められた場合、あなたが保護者だったとしたらどのように感じるだろうか。有益な情報を提供してもらえたと喜んだり、手厚い支援を試みてくれていると感じて肯定的な感情を抱く場合ももちろんあると思うが、それと同じかそれ以上に、我が子の中にあるかもしれない障害を否認したくなる思いが込み上げてきたり、何らかの困難さを抱える我が子や自分たち家族を厄介払いしようとしているように感じて悲しみや怒りを抱くということも、自然な反応である。

　このように支援者も保護者も、それぞれに子どものことを考え、よりよい日々を目指して試行錯誤する同志であるはずの存在であるが、その思いの強さゆえに、互いの思いが相手に正確に届いているとは限らないことに注意が必要である。

2　障害の受容とその過程に寄り添うこと

〔1〕障害の発見

　ではそもそもどのような過程の中で子どもの障害は発見され、それを家族が受け止め、様々な支援のネットワークが構築されていくのだろうか。

子どもに障害があると気づく人やその時期は、障害の種類や程度のほか、個々の状況によっても異なる（表13-1）。出生前の妊婦健診や出生前診断、生まれてすぐに医療機関で診断される場合は、保護者にとって突然の告知となる。新生児聴覚スクリーニング検査で難聴の疑いがある場合は、数回の精密検査を経て、生後6か月頃までに聴覚障害の確定診断がなされる。また、知的な発達や運動発達の遅れについては、乳幼児健診や保護者によって気づかれ、発達支援の専門機関につながり療育を受ける。そして必要であれば医療機関において診断を受け、理学療法士や作業療法士、言語聴覚士などによる訓練を受ける。しかし、軽度の知的障害や発達障害の場合は、3歳までの乳幼児健診で発見されず、入園や就学後の集団生活における不適応により気づかれることも多い。集団不適応やコミュニケーションの課題、行動の問題、学力不振を機に学校や家庭で身近な大人により気づかれ、診断に至るものとしては、自閉スペクトラム症や注意欠如／多動症などの発達障害の他に、選択性かん黙、不安障害などの情緒障害がある。ただしこれらは周囲の理解や対応の工夫などの環境側の特徴によって症状が影響を受けやすいことや、性格の問題と捉えられてしまいやすいこともあり、医療機関につながりにくい特徴がある。

表13-1）障害の発見と診断告知の実際

	身体障害のある場合	知的な遅れのある場合	知的な遅れのない発達障害の場合
発見時期	出生時・生後早期	1歳〜3歳（〜5歳）	3歳〜就学後
発見者	産科医・小児科医・助産師	両親・乳幼児健診（小児科医・保健師・心理士）	教師・保育士・家族・児童精神科医・小児科医
発見の目安	特異な顔貌・奇形	ことばの遅れ・視線が合わない・行動のつたなさや不器用さ	学校での不適応・いじめ・問題行動・二次障害からの気づき
診断告知	産科医・小児科医から保護者へ	小児科医・児童精神科医から保護者へ	児童精神科医・小児科医から保護者へ
主な診断名	染色体異常（ダウン症候群ほか）・奇形症候群・二分脊椎・小頭症	知的障害・知的障害を伴う自閉症	自閉スペクトラム症 ADHD*、SLD*、DCD*
特徴	障害が明白・突然の衝撃	他者からの指摘・気持ちの揺れ	障害の気づきにくさ・認めがたさ・家族内で理解と受容が一致しづらいこと

＊注　ADHD：注意欠如／多動症、SLD：限局性学習症、DCD：発達性協調運動症
〔小谷（2019）「家庭との連携」より一部改変〕

〔2〕診断告知

　医療行為を筆頭に様々な専門的支援の提供に際しては、支援者側からの説明と当事者側の同意（インフォームド・コンセント）が不可欠である。幼児期までは、親への説明と同意が中心となるが、中学生には「支援者が親の同意内容を子どもに説明し子どものアセント（同意・賛成）を得る」ことを、高校生以上では、成人と同様にインフォームド・コンセントを得ることが求められる。

　医療機関で行われる支援の一つに、子どもの疾患や障害についての説明を行う告知がある。告知は子どもの現在の状況をわかりやすく説明し、治療や療育・訓練につなげることが目的で行われ、その際には保護者がたどる心情について十分理解した上で行うことが重要である。それは単回の説明によって終了するものではなく、告知によって生じる動揺やその受容に向けた苦悩への寄り添いや、関連する福祉や教育制度等の情報提供も含めて継続した支援を要するものである。また発達や状況に応じて子ども自身に疾患や障害、治療や支援について説明する必要が生じることがある。子どもの前向きな気持ちを引き出すためにも、家族と様々な専門機関や支援者が連携しつつ適切な伝え方を検討し、本人の心理状態や理解度を確認しながら支えていくことが重要である。

〔3〕障害受容

　障害受容の道のりについては、混乱から回復までの段階的な過程をたどるとする説（Drotar, et, al, 1975）（図13-1）や、再起に向かう一方向の順序だったものではなく、適応と不適応を繰り返し経験しながら障害を受け入れていく紆余曲折の過程であり、支援者からは全貌が見えない螺旋形の適応過程であるという説（図

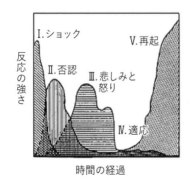

図13-1）障害受容の段階的な過程

〔（Drotarら，1975）より引用〕

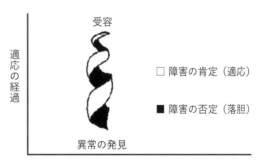

図13-2）障害受容の螺旋形モデル

〔（中田，1995）より引用〕

13-2）（中田，1995）もある。

　当事者の心の動きは、ショック、否認、情緒的混乱、努力、あきらめ、とらわれ、感受、視点の獲得、共生、分離といった、複雑かつ多様なものである。これはけして診断や告知の後から始まるものではなく、それ以前から徐々に進行している場合もある。また、その進行は一生涯にかけて続くものであり、就学や進路の決定といった大きな人生の岐路のみならず、学校や担任が変わって教育方針が変更されたとき、子どもの調子が悪くなったときなど、さまざまな局面で保護者は悲しみや不安、時に怒りという形で学校や様々な支援機関にその揺らぎを投げかけることがある。学校においても、保護者の慢性的な悲哀への寄り添いや葛藤する時期への支援が重要になる。その際には、自分自身や我が子の疾患や障害を認めざるを得ない思いと、認めたくない思いの両方をあわせもちながら苦悩しているという揺らぎを理解し、その両方の気持ちに寄り添う姿勢が大切である。またそれは教師自身の中にも、保護者が我が子の障害を認めることの苦しさへの理解と、保護者が障害を認めてくれないことへの焦りや苛立ちといった相反する思いが共存しており、そのどちらの気持ちも否認せず、その両方の思いを抱えようとすることの難しさや大切さは、保護者の思いや葛藤と根底ではつながっているものである。

③ 年齢別・領域別の支援機関や支援者との連携

〔1〕どのような支援機関や支援者が存在するのか

　障害児の支援に関わるフォーマルな支援においては、乳幼児期から成人期に至る子どものライフサイクルの中で、母子保健、福祉、医療、教育、就労などの多様な機関で専門職がそれぞれの役割を果たしながらバトンをつなぎ、本人と保護者を必要に応じて生涯にわたり支援を行っている（表13-2）。

〔2〕ライフサイクルに沿った支援

❶ 保育所等における障害児保育や療育施設

　保育所は、児童福祉法に基づく施設であって、保護者の就労を支える役割をもっており、0歳以上の乳幼児が対象となる。それに対して、幼稚園は、学校教育法に規定されており、「満3歳から、小学校就学の始期に達するまでの幼児」が対象となる。認定こども園は、保育所と幼稚園の両方の機能をあわせもつような施設であ

表13-2）障害の発見や相談・支援に関わる主な機関と役割

市町村保健センター	乳幼児に対する保健指導や訪問指導 １歳６か月児健康診断、３歳児健康診査などの乳幼児健康診査
保健所	心身に障害のある児童の療育についての指導 疾病により長期にわたる療育が必要な児童の指導
福祉事務所	児童の福祉に関し、必要な実情の把握 児童の福祉に関する事項について相談に応じ、必要な調査を行うとともに、個別的または集団的に必要な指導を行う
児童相談所	児童に関する様々な相談、調査、診断、判定 児童や保護者に対して、必要な指導や児童福祉施設入所等の措置 さまざまな障害のある児童に関する相談
児童発達支援センター	障害が発見された未就学の子どもに対する専門的な療育や相談 早期療育の場としての通園施設、入所施設
放課後等デイサービス	就学している障害児が、授業の終了後または休業日に通い、余暇の提供、生活能力向上の訓練や、社会との交流促進などを行う
発達障害者支援センター	発達障害児者およびその家族からの相談への対応 発達障害者に対する専門的な発達支援と就労の支援 発達障害についての情報提供や研修 医療機関や学校等の関係機関との連絡調整等
特別支援学校	乳幼児期の子どもやその保護者を対象とした早期からの教育相談 地域における特別支援教育のセンター的機能 障害のある子どもの職業的自立を促進するため、職業教育の充実を図る
特別支援教育センター	障害のある子どもの教育、就学、進路などの各種相談 障害のある子どもの教育に携わる教員を対象にした研修 特別支援教育に関する調査研究や理解啓発
公共職業安定所（ハローワーク）	障害者の態様や職業適性等に応じ、求職から就職後のアフターケアに至るまでの一貫した職業紹介、職業指導等
地域障害者職業センター	障害者への職業相談から就職後のアフターケアに至る職業リハビリテーション

〔小谷（2019）「家庭との連携」より引用〕

障害のある子どものための地域における相談支援体制整備ガイドライン（試案）（文部科学省，2008）

るとされている。保育所等においては、障害のある子どもが障害のない子どもと共に活動することになる。保育所等は、身近な地域の子どもたちと共に障害のある子どもが育っていける場として期待されることも多い。

　また、保育所等とは別に、障害のある子どものための「療育」を行う施設・事業所もある。少人数による活動のなかで、より丁寧な指導や支援を行い、障害のある子どもの成長・発達を促そうとする取り組みについて、我が国では治療と教育という言葉を組み合わせて「療育」という言葉が用いられてきた。障害のある子どもの療育に関わって、地域の拠点として期待されているのが、児童発達支援センターである。2010（平成22）年に児童福祉法等が改正されたことで、従来の知的障害児

13

家庭や関係機関との連携

通園施設・難聴幼児通園施設・肢体不自由児通園施設が一元化され、児童発達支援センターの制度が発足した。児童発達支援センターは、子どもたちの発達支援に加えて、家族の支援や保育所等の支援などを行う。その他にも小規模な児童発達支援事業所も存在している。

　児童発達支援は、児童福祉法において「日常生活における基本的な動作の指導、知識技能の付与、集団生活への適応訓練その他の内閣府令で定める便宜を供与すること」とされている。療育に通う子どもの通所の形は多様で、1日あたりの療育の時間の長さも一様ではない。毎日のように通う子どももいれば、週に1回だけ通う子どももいて、保育所等に在籍しながら療育に通う「並行通園」をしている子どもが少なくない。また、保護者と子どもが一緒に通う「親子通園」もあれば、子どもだけが活動に参加する「単独通園」もある。子どもを療育に通わせることで、保護者は、子どもについての理解を深めることができたり、障害のある子どもをもつ保護者同士の関係性というインフォーマルな支援関係を築いていけたりする。また、療育に通うことで、子どもは自分の発達水準や障害特性に合った活動を保障されやすくなる。

❷ 学童保育や放課後等デイサービス

　小学生にとって家庭と学校以外の居場所に学童保育がある。「放課後児童クラブ」「学童クラブ」など、自治体・地域によって多様な呼称が用いられているが、児童福祉法に放課後児童健全育成事業として規定されているものである。放課後や学校休業日に子どもが通う場であり、子どもに遊びや生活の場を保障して発達を支援するとともに、保護者の就労を支えることを目的としている。厚生労働省が2015（平成27）年に策定した「放課後児童クラブ運営指針」においては、「障害のある子どもも放課後児童クラブを利用する機会が確保されるための適切な配慮及び環境整備を行い、可能な限り受入れに務める」とされている。また、2005（平成17）年に施行された発達障害者支援法の第九条では、「市町村は、放課後児童健全育成事業について、発達障害児の利用の機会の確保を図るため、適切な配慮をするものとする」とされている。各市町村においては、実態は多様であるものの、障害のある子どもの受け入れに関わる指導員加配の仕組みや、専門家による巡回指導の仕組みがつくられてきている。

　学童保育は、その対象を障害のない子どもを中心とするのに対して、障害のある子どものための通所施設として放課後等デイサービスがある。小学校・中学校・高等学校や特別支援学校などに就学している障害のある子どもが利用の対象となる。児童福祉法においては「授業の終了後又は休業日に（中略）生活能力の向上のため

148

に必要な訓練、社会との交流の促進その他の便宜を供与すること」が事業の内容とされている。厚生労働省が2015（平成27）年に示した「放課後等デイサービスガイドライン」においては、「基本活動」として「自立支援と日常生活の充実のための活動」「創作活動」「地域交流の機会の提供」「余暇の提供」があげられ、「基本活動を複数組み合わせて支援を行うことが求められる」とされている。また、保護者のレスパイト（一時的休息）に寄与したり、保護者の就労を保障したりすることによって、家族の生活を支える機能を有している。

　学童保育や放課後等デイサービスと学校や家庭との連携に関しては、放課後児童クラブ運営指針および放課後等デイサービスガイドラインの中で、それぞれその重要性が明記されている。互いの役割を踏まえ、一方的な指示や依頼をすることなく、対等な関係を築きながら協力していくことが必要である。具体的な連携の工夫として、年間計画や行事予定の交換、送迎時の対応についての調整、子どもの病気・事故の際の連絡体制についての調整、学校の行事や授業参観への参加、などがあげられている。

放デイ運営フォローアップ〜ホウデイノトリセツ〜（神戸市HP）

❸ 障害のある子どもの進学状況や就職支援施設

　文部科学省の「特別支援教育資料（令和4年度）」によると、2022（令和4）年3月の特別支援学校高等部卒業者の進路は、就職が29.9％であり、社会福祉施設等への入所・通所が61.1％である。進学は全体では1.9％であるが、「視覚障害」では37.1％、「聴覚障害」では38.0％であり、「知的障害」では0.4％、「肢体不自由」では2.8％、「病弱・身体虚弱」では4.9％となっている。高等部卒業者のほとんどはいわゆる社会人になっているのが現状である。

　企業等に就職して働くことは、「一般就労」と呼ばれる。障害者雇用促進法のもとで、民間企業・国・地方公共団体等は、法定雇用率以上の割合で障害のある人を雇用しなければならないこととされている。また、一般就労に向けての訓練や支援を行うものとして「就労移行支援」がある。一方、社会福祉施設等で働くことは「福祉的就労」と呼ばれる。雇用契約に基づいて働く「就労継続支援A型」の事業所や、「就労継続支援B型」の事業所などが、福祉的就労の場として存在している。また「生活介護」の事業所においても創作的活動や生産活動が取り組まれており、働くことや社会に貢献するという体験が保障されている。障害者就業・生活支援センターでは、障害のある人の就業面と生活面を一体的に支援する取り組みがなされている。また、

公共職業安定所（ハローワーク）も障害のある人の就労支援を進めており、発達障害のある人については発達障害者支援センターにおいても就労支援を行っている。

　特別支援学校高等部に入学した子どもの進路は前述のような就職や社会福祉施設等が多いが、高校に入学している障害のある子どもが少なくないことにも目を向けておく必要があるだろう。「特別支援教育資料（令和4年度）」によると、2022（令和4）年3月の特別支援学校中学部卒業者の96.7％が特別支援学校高等部に進学している一方で、中学校特別支援学級卒業者の62.2％は高校等に進学している。また、障害のある子どものなかには、中学校の通常の学級から高校に進学する子どももいる。そのような子どもたちの進路やキャリアについて考えることも重要である。

〔3〕切れ目のない支援を目指して

　このように障害のある子どもやその家族、そして彼ら彼女らと関わる教師には様々な支えとなる機関が存在している。専門性のある支援者という観点から振り返ると、学校の中だけでも、特別支援学級担任や通常学級担任のほかに、特別支援教育コーディネーター、通級指導教室担当教諭、養護教諭、学校医、スクールカウンセラー、スクールソーシャルワーカー、児童・生徒指導部担当教諭、教育相談部担当教諭、そして同僚や管理職などの支援者がいる。また学外に目を向けると、教育機関では特別支援学校の地域支援担当教諭や、教育委員会や発達支援センター等の（巡回）相談員らがいる。医療機関では医師、看護師、心理士、理学療法士、作業療法士、言語聴覚士、ソーシャルワーカー、義肢装具士などがいる。福祉機関では相談支援専門員、サービス管理責任者、保健師、保育士、ソーシャルワーカー、介護福祉士、精神保健福祉士、児童指導員などがいる。就労支援機関ではキャリアカウンセラーなどが支援にあたっている。

　子どもや家族と彼らを取り巻く多様な専門機関や支援者が、皆で同じ方向を向くチームとなって協働するためには、様々な工夫が必要になる。そのための工夫の一つ目は、それぞれの時期や機関においてしっかりとしたアセスメントを行い、計画的な支援の実施と、その評価と振り返りを定期的に行っていくことである。第8章にて紹介されているとおり、教育機関が中心となって作成される「個別の教育支援計画」と「個別の指導計画」は、関係機関が連携・協力を図り、障害のある児童の生涯にわたる継続的な支援体制を整え、それぞれの年代における児童の望ましい成長を促すために作成されるものでもある。これと同様に福祉機関が中心になって作成するものは「サービス等利用計画」と呼ばれ、より具体的な支援目標や支援内容

とその方法を計画し障害福祉事業所が作成する「個別支援計画」が作成され、指導や支援に活用されている。

　そしての工夫の二つ目は、年齢による制度や機関の垣根を越えて、支援に関わる情報を共有・引き継いでいくことである。先述した各種支援計画は定期的な見直しと更新、そして引き継ぎを行っていくことが必要であると考えられている。また、より大きく期間や機関を越えて、支援のバトンを運ぶ役目を担うものとして、幼児期からの「支援ファイル・移行支援シート」がある。その様式や名称は自治体によって様々であるが、子どもや子どもを取り巻く環境や、支援の積み重ねの中で明らかになってきた様々な情報が、園から小学校へ、小学校から中学校へ…と内容を更新させながら受け継がれていくことで、切れ目のない支援が提供されることを助ける役割を担っている。それは学校から社会への移行に関しても同様であり、生徒本人や保護者の希望を踏まえながら学校が関係者らと共に「個別移行支援計画」を作成することが行われている。

> **課題**
> - 二つの自治体の「支援ファイル」を見比べ、記入事項・内容について、共通点と相違点を整理してみよう。
> - なじみのある市町村を一つ選び、障害児者に関わる事業所・施設の一覧を確認しよう。さらに、そのなかから種類の異なる3か所を選び、それぞれのHPなどを参考に事業内容をみてみよう。

（榊原　久直）

〈文献等〉
・Drotar,D., Baskiewicz,A., Irvin,N., Kennell,J., & Klaus,M. (1975) The adaptation of par-ents to the birth of an infant with a congenital malformation: A hypothetical model. Pediatrics,56(5), 710-717.
・小谷裕実（2019）「家庭との連携」相澤雅文、牛山道雄、小谷裕実、佐藤克敏、佐藤美幸、丸山啓史編集『教員になりたい学生のためのテキスト特別支援教育』クリエイツかもがわ，pp134-139
・神戸市HP　運営フォローアップ～ホウデイノトリセツ～
・文部科学省（2008）障害のある子どものための地域における相談支援体制整備ガイドライン（試案）
・文部科学省（2024）特別支援教育資料（令和4年度）
・中田洋二郎（1995）「親の障害の認識と受容に関する考察─受容の段階説と慢性的悲哀」『早稲田心理学年報』第27号，pp83-92

映画「おおかみこどもの雨と雪」と特別支援・家族支援

2012年に公開された細田守監督制作の映画「おおかみこどもの雨と雪」を見たことがありますか。この作品は大学生の花が恋に落ち、"おおかみおとこ"の彼と結ばれるところから始まります。その後、2人の子ども雨と雪を授かるが、ある時、父親は事故にあって帰らぬ人となり、家族は3人だけでの生活を余儀なくされます。取り残された花は打ちひしがれながらも「2人をちゃんと育てる」と心に誓うとともに、子どもたちが将来、人間として生きるのか、おおかみとして生きるのかのどちらでも選べるようにと、都会の人の目を離れ、厳しくも豊かな自然に囲まれた田舎町に移り住むことを決意します。"おおかみこども"である雨と雪は、人間とおおかみの二つの姿をもっており、母親である花は様々な困難に直面しつつも、子どもらの日々と将来のためにと奮闘するのでありました。

この作品を発達障害児とその家族の物語と見立てて鑑賞したという一節が書かれた書籍があります（竹中，2020）。発達障害のある子どもたちが、発達障害の特性という一つのモードと、当たり前に一人の子どもであるというもう一つのモードをもちあわせていることと、雨や雪がおおかみと人間という二つのモードをあわせもっていることとが両者の間に確かに共通します。

友だちと一緒であることを切望し、自分の中のおおかみ性を押し殺して生きようとする雨。彼女はそれでかけがえのない友人や学校生活を得る一方で、内なる自分の一部分を自分自身で否定し、まるごとの自分を受け止めてもらえないのではないかという恐れと自信のなさを抱えていました。彼女とは反対に、雪は学校になじめず、いわゆる不登校となります。けれどもある時、森に住むキツネと出会い彼を師として、おおかみで在ることを学び始めるのでした。また、作中で母親の花は子育てをする中で、緊急時に小児科と動物病院のどちらに行けばよいのか…、育児の参考になる人や書籍がない…、誰にもわかってもらえない・言えない…、自分自身も我が子のことをわかってあげられない…と、数々の苦悩を経験します。

これら一つひとつのシーンを、（発達）障害のある子どもとその保護者をめぐる様々な日常や人生のシーンとしてみた時、彼ら彼女らが健やかに、幸福に暮らすためには、作中ではいったいどのような経験や他者、環境や制度が支えになったのでしょうか。また、我々がよかれと思って行う様々な支援が、子どもや保護者の中にある、多面的なモードのどこに光を当て、その一方でどこを押し殺してしまいうるのでしょうか。そして果たしてそれらの共存はかなわないものであるのでしょうか。ぜひ再考していただけたらと思います。

〈文献等〉
・竹中均（2020）『「自閉症」の時代』講談社現代新書

第14章

障害のある子どもの教育の歩み

> 達成
> 目標
>
> 障害のある子どもの学校教育について、歴史的展開の概要を知り、その背景にある理念の発展を理解する。

1 障害のある子どもの学校教育の始まり

　日本における障害児学校の先駆は、現在の京都府立盲学校・京都府立聾学校につながる京都盲唖院である。1878年に、視覚障害児や聴覚障害児のための学校として、古河太四郎らによって京都盲唖院が開設された。続いて、1880年には東京で楽善会訓盲院が開設され、1884年には楽善会訓盲唖院と改称されて、視覚障害児や聴覚障害児の教育が取り組まれた。そして、1900年代頃には全国各地で「盲学校」「盲唖学校」等が設立されていき、1923年には「盲学校及聾唖学校令」が公布された。障害のある子どもの学校教育は、視覚障害や聴覚障害の子どもの教育が先行したのである。

　知的障害児のための教育施設は、東京の滝乃川学園が最初とされる。1891年に「孤女学院」として発足した滝乃川学園は、「孤女」のなかに知的障害児がいたことを契機として、1897年に「特殊教育部」を開設し、知的障害児の教育を進めた。さらに、1909年には、京都において、小学校の教員をしていた脇田良吉らが白川学園を創設した。一方、子どもの就学率が向上するなかでは、「劣等児」や「低能児」の教育が課題とされるようになり、1907年には、「盲人、唖人又ハ心身ノ発育不完全ナル児童」のための「特別学級」を師範学校附属小学校に設置することを文部省

が勧奨している。師範学校附属小学校の「特別学級」の多くは短期間で廃止されたものの、1920年代には「特別学級」が少なからず存在することとなった。

　肢体不自由児の教育については、「小学校の課程に準ずる教育」「整形外科的治療」「職業教育」を進めることを目的として、1921年に東京で柏学園が設立された。また、1932年には、肢体不自由児のための公立学校として、東京市立光明学校が開設された。

　こうして広がってきた障害児教育は、アジア・太平洋戦争のもとで大きな打撃を受ける。担任教師の応召などによって「特別学級」が減少し、障害児学校も学童疎開に追い込まれた。また、空襲によって校舎が破壊された障害児学校も少なくなかった。

2　戦後教育改革と特殊教育

　1945年の「終戦」を経て、1946年には、日本の教育関係者も関与して米国教育使節団報告書がまとめられ、新しい教育の方向性が示された。そこでは、身体障害児や精神遅滞児に注意が払われるべきこと、通常の学校ではニーズが十分に満たされない重度障害児や盲児・聾児のために別個の学級・学校が用意されるべきこと、その就学については通常の義務教育法が適用されるべきことが記されている。

　1946年に公布された日本国憲法の第二十六条では、「すべて国民は、法律の定めるところにより、その能力に応じて、ひとしく教育を受ける権利を有する」とされている。また、1947年に成立した教育基本法においては、「すべて国民は、ひとしく、その能力に応ずる教育を受ける機会を与えられなければならないものであって、人種、信条、性別、社会的身分、経済的地位又は門地によって、教育上差別されない」とされた。少なくとも法的には、障害のある子どもの「教育を受ける権利」が認められたのである。

　1947年に制定された学校教育法においては、盲学校・聾学校・養護学校が学校体系に位置づけられた。そして、盲学校・聾学校については、1948年から1956年にかけて、学年進行で義務制が実施された。一方で、養護学校の義務制は実現されず、多くの障害のある子どもが学校教育から排除されることとなった。

3 特殊教育の展開

1952年になると、文部省に特殊教育室が設置される。そして、1953年には、中央教育審議会の「義務教育に関する答申」において、「盲、ろう、精神薄弱、し体不自由、身体虚弱な者等のための特殊教育を一段と振興することが望ましい」とされた。また、1954年には、「盲学校、聾学校及び養護学校への就学奨励に関する法律」が制定されるとともに、中央教育審議会から「特殊教育およびへき地教育振興についての答申」が出された。答申では、盲学校・聾学校への就学に関する援助を強化すること、養護学校の設置について国が財政補助を行うこと、特殊学級の設置を促進するために財政上の措置を講じること、などが勧告されている。1956年には、公立養護学校整備特別措置法が成立し、養護学校の建築費や教員給与費について国庫負担がなされるようになった。

1959年には、中央教育審議会から「特殊教育の充実振興についての答申」が出され、養護学校や特殊学級の設置を促進する方策などが提言されるとともに、特殊教育に携わる教職員の養成についても言及がなされた。1960年には、東京学芸大学と広島大学で養護学校教員養成課程が設置されている。1960年代前半には、養護学校の学習指導要領の作成も進められた。1960年から1970年にかけては、養護学校数が46校から234校へと増加し、特殊学級在籍児童生徒数も3万4,836人から12万5,647人へと増加している。

このように1960年代には特殊教育が拡大したが、その背景には「人的能力開発」を重視する政策があった。相対的に障害の軽い子どもたちは、経済発展を支える安価な労働力として期待されたのである。そうしたなかでは、障害の重い子どもたちの学校教育が置き去りにされる実態があった。

4 養護学校義務制実施

日本国憲法や教育基本法によって教育の権利が規定された後も、「就学義務の猶予・免除」の制度などを背景に、多くの障害のある子どもが不就学になっていた。就学猶予・免除については、現在の学校教育法においても、「病弱、発育不完全その他やむを得ない事由のため、就学困難と認められる者の保護者に対しては、市町村の教育委員会は（中略）義務を猶予又は免除することができる」とされている。こ

の制度を理由に、障害のある子どもたちが学校教育から排除されてきたのである。

　学校教育を奪われた子どもたちは、孤立した「在宅」の生活を強いられることが多かった。制約に満ちた生活のなかで、子どもたちは活力を失い、命さえも脅かされていた。

　そうしたなか、1960年代後半には、障害のある子どもの教育権保障を目指す運動が高揚する。不就学児の実態調査が各地で取り組まれ、問題状況が明らかにされていった。また、学生ボランティア等が参加して「日曜学校」などが開かれ、障害のある子どもや家族が集まる場がつくりだされた。

　そして、一方では、障害のある子どもたちの発達を権利として保障しようとする考え方が確立されていく。滋賀県にある近江学園・びわこ学園では、障害のある子どもたちとの実践を通して、糸賀一雄らによって「発達保障」の理念が形成されていった。糸賀らは、「教育不可能」とみなされていたような障害の重い子どもたちの発達を確認するとともに、子どもたちの発達を権利として捉えたのである。その考え方は、すべての障害のある子どもに学校教育を保障しようとする取り組みに大きな影響を与えた。

　これらのことを背景に、1973年には「学校教育法中養護学校における就学義務及び養護学校の設置義務に関する部分の施行期日を定める政令」が公布され、1979

表14-1）就学猶予・免除者数の推移

	就学猶予者	就学免除者	総計
1950年	27,844人	6,128人	33,972人
1955年	26,202人	6,428人	32,630人
1960年	17,811人	9,187人	26,998人
1965年	12,698人	9,685人	22,383人
1970年	11,513人	9,770人	21,283人
1975年	7,504人	5,584人	13,088人
1980年	1,880人	714人	2,594人
1985年	1,185人	203人	1,388人
1990年	1,015人	223人	1,238人
1995年	1,118人	393人	1,511人
2000年	1,110人	699人	1,809人
2005年	1,268人	1,168人	2,436人
2010年	1,652人	2,034人	3,686人
2015年	1,208人	2,527人	3,735人
2020年	1,298人	2,697人	3,995人

〔文部科学省（2022）特別支援教育資料（令和3年度）をもとに筆者作成〕

表14-2）特別支援学校数の推移（国立・公立・私立の合計）

	視覚障害	聴覚障害	知的障害	肢体不自由	病弱	合計
1950年	76校	82校	1校	0校	2校	161校
1955年	77校	99校	1校	1校	3校	181校
1960年	76校	103校	18校	16校	12校	225校
1965年	77校	107校	58校	59校	34校	335校
1970年	75校	108校	96校	98校	40校	417校
1975年	77校	107校	201校	122校	70校	577校
1980年	73校	110校	414校	168校	95校	860校
1985年	72校	107校	453校	185校	95校	912校
1990年	70校	108校	482校	188校	99校	947校
1995年	70校	107校	501校	192校	97校	967校
2000年	71校	107校	523校	196校	95校	992校
2005年	71校	106校	535校	198校	92校	1,002校
2010年	82校	116校	656校	296校	131校	1,039校
2015年	83校	118校	745校	345校	145校	1,114校
2020年	86校	119校	790校	352校	158校	1,149校

＊2006年までは学校種（視覚障害＝盲学校、聴覚障害＝聾学校、知的障害＝知的障害養護学校、肢体不自由＝肢体不自由養護学校、病弱＝病弱養護学校）ごとに集計。2007年以降は、複数の障害種を対象としている学校はそれぞれの障害種ごとに重複してカウントしている。
〔文部科学省（2022）特別支援教育資料（令和3年度）をもとに筆者作成〕

各年の「特別支援教育
資料」（文部科学省）

年に養護学校義務制が実施された。1970年代には、養護学校の設置が急速に進むとともに、就学猶予・免除者が大幅に減少している（表14-1、表14-2）。

5 養護学校高等部教育の広がり

　養護学校義務制が実施された1979年において、中学校卒業者の進学率は94％に達していた。一方で、障害のある子どもについてみると、盲学校や聾学校の中学部卒業者の進学率は90％を超えていたものの、養護学校中学部卒業者の進学率は66.8％にとどまっており、中学校特殊学級卒業者の進学率は30.3％でしかなかった。

　1980年頃には、養護学校高等部が整備されておらず、障害のある子どもの後期中等教育の機会は限られていたのである。地域に養護学校高等部が設置されている場合でも、入学に際して「自力通学」や「身辺自立」が求められることで、障害の

重い子どもが進学できないということが少なくなかった。そうしたなかで、1980年代後半から、「高等部希望者全入」を求める運動が全国各地で展開されていった。

表14-3のように、養護学校高等部の生徒数は1980年代に大幅に増加している。養護学校中学部卒業者の進学率をみると、1980年度は60.6%

表14-3）盲・聾・養護学校高等部の生徒数の推移

	盲学校	聾学校	養護学校
1965年度	4,561人	4,870人	749人
1970年度	4,770人	4,752人	2,684人
1975年度	5,048人	3,838人	7,234人
1980年度	4,686人	3,257人	13,238人
1985年度	4,119人	2,997人	22,030人
1990年度	3,692人	2,434人	30,799人
1995年度	3,011人	2,231人	30,409人
2000年度	2,677人	2,024人	34,575人
2005年度	2,385人	1,949人	41,252人

（文部科学省「特殊教育資料」「特別支援教育資料」をもとに筆者作成）

であったが、1985年度に62.9%、1990年度に69.8%、1995年度に82.7%となり、2000年度には94.5%となっている。また、中学校特殊学級卒業者の進学率をみると、1980年度は37.7%であったが、1985年度に47.3%、1990年度に56.6%、1995年度に70.7%となり、2000年度には83.4%となっている。2000年頃には、障害のある子どもの多くが後期中等教育に参加するようになっていたのである。

6 特殊教育から特別支援教育へ

1990年代には、LD等の発達障害に対する関心が高まった。「全国LD親の会」が1990年に発足したことや、「日本LD学会」が1992年に設立されたことは、その表れといえよう。文部省のもとでも、1992年に「学習障害及びこれに類似する学習上の困難を有する児童生徒の指導方法に関する調査研究協力者会議」が設置され、1999年に「学習障害児に対する指導について（報告）」が出されている。

2001年になると、文部省の「特殊教育課」が文部科学省の「特別支援教育課」に改組された。また、「21世紀の特殊教育の在り方に関する調査研究協力者会議」がまとめた「最終報告」では、「小・中学校等の通常の学級に在籍する学習障害児や注意欠陥/多動性障害（ADHD）児、高機能自閉症児等特別な教育的支援を必要とする児童生徒等に対しても積極的に対応していく必要がある」とされた。

2002年には、「通常の学級に在籍する特別な教育的支援を必要とする児童生徒に関する全国実態調査」が実施され、「知的発達に遅れはないものの、学習面や行動

面で著しい困難を持っていると担任教師が回答した児童生徒」が6.3％に及ぶことが示された。

　2003年には、文部科学省のもとで「今後の特別支援教育の在り方について（最終報告）」がまとめられ、「障害の程度等に応じ特別の場で指導を行う『特殊教育』から障害のある児童生徒一人一人の教育的ニーズに応じて適切な教育的支援を行う『特別支援教育』への転換を図る」とされた。また、2005年には、中央教育審議会から「特別支援教育を推進するための制度の在り方について（答申）」が出され、具体的な制度改革案が示された。

　そして、2006年の学校教育法改正によって、特殊教育から特別支援教育への制度移行が進められ、盲学校・聾学校・養護学校は2007年4月から特別支援学校となった。同時に、特殊学級は特別支援学級となっている。

　そうした制度移行の過程においては、通常の学級に在籍している児童生徒のための「通級による指導」の対象も広がっていった。「通級による指導」は1993年に制度化されたが、2006年には「学習障害」と「注意欠陥多動性障害」が対象規定に加えられるとともに、「情緒障害」に含められてきた「自閉症」が独立する形に対象規定が改変された。「通級による指導」を受けている児童生徒数は、2007年に4万5,240人であったが、2017年には10万8,946人になっている。また、2018年には、高等学校における「通級による指導」が開始された。

7　障害者権利条約とインクルーシブ教育

　2006年12月には国連総会で障害者権利条約（Convention on Rights of Persons with Disabilities）が採択され、日本は2014年1月に条約を批准した。条約においては、第二十四条で教育についての規定がなされており、あらゆる段階において「インクルーシブ教育システム（inclusive education system）」を確保することが締約国に求められている。

　障害者権利条約の批准に向けた動きのなかで、2012年には中央教育審議会初等中等教育分科会が「共生社会の形成に向けたインクルーシブ教育システム構築のための特別支援教育の推進（報告）」をとりまとめた。そこでは、障害のある子どもの教育のための「基礎的環境整備」の充実と合わせて、個別に必要とされる「合理的配慮」の充実を図るとされている。また、「就学先決定の仕組み」については、「就

学基準に該当する障害のある子どもは特別支援学校に原則就学するという従来の就学先決定の仕組みを改め、（中略）総合的な観点から就学先を決定する仕組みとすることが適当である」とされている。この報告を受けて、2013年には学校教育法施行令が改正され、「総合的判断」に基づいて市町村教育委員会が「認定特別支援学校就学者」を認定することとされるなど、就学先決定に関わる制度の改変がなされた。

　また、障害者権利条約の批准に関わっては、2011年に障害者基本法が改正され、障害のある人が日常生活・社会生活を営む上での「社会的障壁」の除去に関わって、「必要かつ合理的な配慮がなされなければならない」とされた。そして、2013年には「障害を理由とする差別の解消の推進に関する法律（障害者差別解消法）」が成立し、行政機関等に対しては、「不当な差別的取り扱い」が禁止されるとともに、「社会的障壁の除去の実施について必要かつ合理的な配慮をしなければならない」とされた。障害者差別解消法は、2016年4月から施行されている。

障害者権利条約に関する情報（外務省）

課題	●障害のある子どもの教育・福祉の発展に大きな貢献をした人物（1人）について調べ、その人物が果たした役割をまとめてみよう。 ●なじみのある都道府県を一つ選び、各特別支援学校の設立年を年表に整理してみよう。

（丸山　啓史）

〈文献等〉
・丸山啓史、河合隆平、品川文雄（2012）『発達保障ってなに？』全障研出版部
・文部科学省（1965〜2005）特殊教育資料
・文部科学省（2022）特別支援教育資料（令和3年度）
・中村満紀男編著（2018）『日本障害児教育史【戦前編】』明石書店
・中村満紀男編著（2019）『日本障害児教育史【戦後編】』明石書店

　歴史の概説は、味気ないものになりがちです。歴史を浅く広く概観すると、一人ひとりの「顔」が見えなくなります。

　けれども、歴史のなかには、一人ひとりの存在があります。一人ひとりの歩みを知ると、歴史が身近で大切なものになる気がします。

　私は、大学院生の頃、身体障害のある人が暮らすグループホームで夜勤のアルバイトをしていました。

　グループホームに入居していた脳性まひの鶴田さん（仮名）は、養護学校義務制実施よりも前に子ども時代を送り、学校に通った経験をもっていませんでした。子どもの頃は、よくラジオで音楽を聴いていたそうです。鶴田さんは、クラシック音楽が録音されたカセットテープをたくさん持っていました。

　鶴田さんが漢字を学んだのは、大人になった後、かなり経ってからのようです。「作業所」に通うようになり、印刷の仕事に携わり始めたこともあり、ボランティアの方についてもらって、小学生用のドリルを使って勉強したそうです。

　あるとき、グループホームのお風呂のなかで、どういう流れだったか、鶴田さんの「不就学」の話題になりました。鶴田さんは、絞りだすような声で、「ひどいよねぇ」と言いました。その一言を、私は今も忘れていません。

　障害のある子どもの教育に私が関心をもつようになった背景には、祖父の存在があります。

　祖父は、1960年頃から聾学校の教師をしていました（養護学校がほとんどなかった時代です）。知的障害のある聴覚障害児が聾学校に受け入れられていなかったなかで、「相談」と称して、重複障害の子どもたちが学校に来られるようにしていったと聞いています。学校に通うことができていない子どもを訪ねていく取り組みもしていたようです。

　学校の子どもたちを祖父が自宅に連れてきて、一緒にお茶を飲んだこともあったと、祖母が話していました。

　祖父母の会話のなかで、ときどきダウン症の人の名前が出ていたのも覚えています。ダウン症の娘さんやその母親と、長い付き合いがあったようです。「ダウン症」という言葉を、私は祖父母のやりとりから知ったような気がします。

第 15 章

特別な教育的ニーズ

> | 達成
目標 | 「障害」以外のことを理由とする「特別な教育的ニーズ」を有する子どもについて、学習や生活における困難を知り、学校教育の課題を理解する。 |

1 特別な教育的ニーズ

　1978（昭和53）年に英国で発表された「ウォーノック報告」は、国際的に影響を与えた。メアリー・ウォーノック（Mary Warnock）を座長とする「障害のある子ども・若者の教育に関する調査委員会」の報告書は、表題に「特別な教育的ニーズ（Special Educational Needs）」を掲げるものであった。障害の種別に基づく学校制度を見直し、子どもたちの「学習困難」に着目して「特別な教育的ニーズ」に応えることを求めたのである。報告書の観点に立てば、障害のある子どもだけでなく、「学習困難」を抱える多様な子どもが視野に入ることになる。

　ユネスコとスペイン政府の共催による「特別ニーズ教育に関する世界大会」（1994年）で採択された「サラマンカ声明」においても、ストリート・チルドレンや労働している子ども、へき地の子どもや遊牧民の子ども、言語的・民族的・文化的マイノリティの子どもなどへの言及がなされている。

　日本の特別支援教育の制度は障害のある子どもを対象とするものであるが、学校教育に関して「特別な支援」を必要とする子どもは、障害のある子どもだけではない。いわゆる学業不振の状態にある子ども、日本語指導を必要とする子ども、貧困状態にある子ども、不登校の子ども、いじめを受けている子ども、虐待を受けてきている子ども、社会的養護のもとで育つ子ども、「性的マイノリティ」である子ど

もなどについても、「特別ニーズ教育」の観点からの注目が求められる。

2 外国につながる子ども

　日本の学校では、多様な国籍の子どもが学んでおり、さまざまな民族的・文化的背景をもつ子どもが学んでいる。日本国籍の子どもであっても、両親が「日本人」であるとは限らないし、日本で生まれ育っているとも限らない。外国籍の子どものなかにも、日本で生まれ育っている子どもが多くいる。日本語教育を特に必要としない外国籍の子どももいれば、日本語教育を必要とする日本国籍の子どももいる。

　そうした「外国につながる子ども」の人数を正確に把握することは難しいが、文部科学省の学校基本調査によれば、「公立学校に在籍している外国籍の児童生徒数」は2021（令和3）年度において11万4,853人となっており、2010（平成22）年度の7万4,214人から増加している。また、文部科学省による「日本語指導が必要な児童生徒の受入れ状況等に関する調査」の結果をみると、「日本語指導が必要な外国籍の児童生徒数」は、2010（平成22）年度には2万8,511人であったが、2021（令和3）年度には4万7,619人となっている（表15-1）。「日本語指導が必要な日本国籍の児童生徒数」も増加しており、2010（平成22）年度は5,496人であったのに対し、2021（令和3）年度は1万688人である（表15-1）。そして、「日本語指導が必要な児童生徒」の人数を母語別にみると、「日本語」が4,993人、「ポルトガル語」が1万2,464人、「中国語」が1万1,813人、「フィリピノ語」が9,755人、「スペイン語」が4,093人、「英語」が3,279人、「ベトナム語」が2,886人、「韓国・朝鮮語」が645人、「その他」が8,379人となっている（表15-2）。「日本語指導が必要な児童生徒」の多くは小学校に在籍しているが、中学校に在籍している生徒も少なくない。

　日本の学校において日本語教育の充実が重要になっていることがうかがえるが、外国につながる子どもたちの学校教育をめぐる課題は日本語教育だけではない。家族のコミュニケーションや、「帰国」の可能性などを考えると、母語教育も軽視できない。そして、子ども自身のアイデンティティをめぐる課題も見落とすことはできない。また、言語的・文化的な理由から子どもが学習に困難を抱えることも多く、それについての支援も求められる。さらに、多文化共生に向けた教育の実践という視点も重要である。

　家庭の状況にも目を向ける必要があるだろう。外国につながる子どもの保護者の

表15-1）日本語指導が必要な児童
　　　　生徒数

	外国籍	日本国籍
2010年度	28,511人	5,496人
2012年度	27,013人	6,171人
2014年度	29,198人	7,897人
2016年度	34,335人	9,612人
2018年度	40,755人	10,371人
2021年度	47,619人	10,688人

〔文部科学省（2022）日本語指導が必要な
児童生徒の受入状況等に関する調査結果に
ついてをもとに筆者作成〕

表15-2）日本語指導が必要な児童生徒の言語別在
　　　　籍状況

	外国籍	日本国籍	合計
日本語	1,929人	3,064人	4,993人
ポルトガル語	11,956人	508人	12,464人
中国語	9,939人	1,874人	11,813人
フィリピノ語	7,462人	2,293人	9,755人
スペイン語	3,714人	379人	4,093人
英語	1,945人	1,334人	3,279人
ベトナム語	2,702人	184人	2,886人
韓国・朝鮮語	466人	179人	645人
その他	7,506人	873人	8,379人
合計	47,619人	10,688人	58,307人

〔文部科学省（2022）日本語指導が必要な児童生徒の受入状況等
に関する調査結果についてをもとに筆者作成〕

なかには、日本の教育制度や学校文化についての知識が乏しい人もいる。保護者が子どもの学習を援助することが難しい場合も少なくない。家庭が経済的な困難を抱えていることもある。家庭の実態に応じた配慮や支援が、教師や学校に求められる。

　さらに、特別支援教育との関係では、「外国につながる子ども」のなかにも障害のある子どもがいることへの留意が必要である。学校生活や学習における子どもの困難について、「言語的・文化的背景」という観点からだけでなく、「障害」という観点からの理解が求められる場合もある。また、外国につながる子どもの保護者が障害児支援をめぐる情報を得られるよう、必要な支援をしていくことも重要であろう。

3 子どもの貧困

　貧困状態にある子どもについての配慮や支援も、現代の日本において重要なものである。厚生労働省が発表している子どもの貧困率は、1985（昭和60）年においても10.9％に及んでいたが、2012（平成24）年には16.3％にまで上昇した（表15-3）。2021（令和3）年の数値は11.5％となっているものの、子どもの貧困率は依然として高い水準にある。政策的な後押しを受けながら労働者の非正規雇用化が進められてきたこと、税制や社会保障制度による所得再分配の機能が脆弱であることなどによって、子育て世帯の貧困が広がり、多くの子どもが貧困状態におかれる事態がつくりだされてきている。

子どもが貧困のもとで育つことは、さまざまな社会的不利を引き起こす。十分な食事をとることができなかったり、必要に応じて病院に行くことができなかったりする。学校教育についても、経済的理由で進学が制約されたり、部活動への参加が難しくなったりする。費用がかかるために塾や習い事に通うことができなければ、学習や活動の場が限られるだけでなく、子どもの友人関係にも影響が及ぶかもしれない。「おでかけ・旅行」や文化的活動の機会が乏しいことは、子どもの経験の幅を狭めていく。経済的困窮は、子どもの豊かな生活と発達を阻害するのである。

表15-3）貧困率の推移

	全年齢層の相対的貧困率	子どもの相対的貧困率
1985年	12.0%	10.9%
1988年	13.2%	12.9%
1991年	13.5%	12.8%
1994年	13.8%	12.2%
1997年	14.6%	13.4%
2000年	15.3%	14.4%
2003年	14.9%	13.7%
2006年	15.7%	14.2%
2009年	16.0%	15.7%
2012年	16.1%	16.3%
2015年	15.7%	13.9%
2018年	15.7%	14.0%
2021年	15.4%	11.5%

＊2018年以降は新基準の数値
〔厚生労働省（2023）2022（令和4）年国民生活基礎調査の概況をもとに筆者作成〕

「なくそう！ 子どもの貧困」全国ネットワーク

そうした「子どもの貧困」が2000年代後半から大きな社会問題となるなかで、2013（平成25）年には「子どもの貧困対策推進法」が成立した。この法律では、「生活の支援」「保護者に対する就労の支援」「経済的支援」と並ぶものとして「教育の支援」が位置づけられており、「国及び地方公共団体は、（中略）就学の援助、学資の援助、学習の支援その他の貧困の状況にある子どもの教育に関する支援のために必要な施策を講ずるものとする」（第十条）とされている。また、子どもの貧困対策を総合的に推進するために「子供の貧困対策に関する大綱」を定めることが、政府に義務づけられている。2014（平成26）年に閣議決定された「子供の貧困対策に関する大綱」においては、学校が「子供の貧困対策のプラットフォーム」として位置づけられ、「学校教育による学力保障」「学校を窓口とした福祉関連機関等との連携」「地域による学習支援」「高等学校等における就学継続のための支援」が「当面の重点施策」としてあげられた。

このように「教育の支援」が政策的に重視されることは、問題性をはらむ。貧困を生む社会的構造が後景に追いやられ、問題の解決が子どもの自己努力・自己責任に委ねられてしまいかねない。また、学校だけで「子どもの貧困」が解決できるわけでもない。しかし、学校の役割を過小評価するべきではないだろう。学校は、義

務教育段階においては基本的にすべての子どもが関与するはずの場であり、「子どもの貧困」への取り組みを考えていくうえで重要なものとなる。

　学校の教職員に求められることの一つは、「子どもの貧困」への気づきであり、子どもと家族が抱える困難についての理解であろう。家庭の経済的困窮や関連する諸問題は、他者から見えやすいとは限らない。教職員が「感度」を高めることが必要である。また、「子どもの忘れ物が多い」「子どもが朝ごはんを食べることができていない」といった「問題」については、背景にある家庭の状況に目を向けることが重要である。少なくとも、子どもや保護者を責めて追いつめることがないようにしなければならない。

　また、経済的に困窮している子どもと保護者を支えるための制度について、その活用が十分になされるようにしていくことが必要である。義務教育段階の学校教育については、学用品費、就学旅行費、校外活動費、学校給食費などを市町村が援助するものとして、「就学援助」の制度がある。また、高等学校等における費用負担の軽減に関しては、「高校生等奨学給付金」の制度が2014（平成26）年度から始まっている。生活保護の制度も、子どもの権利保障にとって重要なものである。学校の教職員には、そうした制度についての理解も求められるだろう。

　なお、学校が「子どもの貧困」に向き合っていく上では、スクールソーシャルワーカー（SSW）等の専門職と教職員との連携も求められる。スクールソーシャルワーカーは、学校で活動する社会福祉の専門職であり、文部科学省は2008（平成20）年度から「スクールソーシャルワーカー活用事業」を実施している。また、2019（令和元）年の「子供の貧困対策に関する大綱」では、「スクールソーシャルワーカーの配置時間の充実等」への言及がなされており、「スクールソーシャルワーカーが機能する体制づくり」が課題とされている。スクールソーシャルワーカーの配置は十分でないのが現状であるが、そうした専門職と教職員との協働が期待されている。

 # 児童虐待

　児童虐待（子ども虐待）も、教師や学校が向き合わなければならない問題である。児童相談所での児童虐待相談対応件数をみると、1990年代後半から一貫して増え続けており、2015（平成27）年度には10万件を超え、2020（令和2）年度には20万件を超えている（表15-4）。児童虐待の相談対応件数は実際の発生件数とは異なる

ものであるが、現在の日本において児童虐待が深刻な問題であることがうかがえる。

　児童虐待については、児童虐待防止法（児童虐待の防止等に関する法律）が2000（平成12）年に成立し、改正が重ねられてきた。この法律において、児童虐待は、保護者が「監護する児童」について行う以下のような行為として定義されている。

①身体的虐待：児童の身体に外傷が生じ、又は生じるおそれのある暴行を加えること。

②性的虐待　：児童にわいせつな行為をすること又は児童をしてわいせつな行為をさせること。

③ネグレクト：児童の心身の正常な発達を妨げるような著しい減食又は長時間の放置、保護者以外の同居人による前二号又は次号に掲げる行為と同様の行為の放置その他の保護者としての監護を著しく怠ること。

④心理的虐待：児童に対する著しい暴言又は著しく拒絶的な対応、児童が同居する家庭における配偶者に対する暴力（中略）その他の児童に著しい心理的外傷を与える言動を行うこと。

　学校の教職員など「児童の福祉に職務上関係のある者」の役割については、児童虐待防止法の第五条で、「児童虐待を発見しやすい立場にあることを自覚し、児童虐待の早期発見に努めなければならない」とされている。そして、第六条では、「児童虐待を受けたと思われる児童を発見した者は、速やかに（中略）福祉事務所若しくは児童相談所に通告しなければならない」とされており、「守秘義務に関する法律の規定」は「通告をする義務の遵守を妨げるものと解釈してはならない」ことが示されている。

　児童虐待への対応に関しては、児童福祉法によって、「要保護児

表15-4）児童相談所での児童虐待相談対応件数の推移

2000年度	17,725件	2011年度	59,919件
2001年度	23,474件	2012年度	66,701件
2002年度	23,738件	2013年度	73,802件
2003年度	26,569件	2014年度	88,931件
2004年度	33,408件	2015年度	103,286件
2005年度	34,472件	2016年度	122,575件
2006年度	37,323件	2017年度	133,778件
2007年度	40,639件	2018年度	159,838件
2008年度	42,664件	2019年度	193,780件
2009年度	44,211件	2020年度	205,044件
2010年度	56,384件	2021年度	207,660件

〔こども家庭庁（2022）令和3年度 児童相談所での児童虐待相談対応件数をもとに筆者作成〕

童対策地域協議会」の設置が市町村に求められている。関係機関の情報共有や連携を進めるためのものであり、学校には児童相談所等との協働が期待されている。

　なお、特別支援教育と児童虐待の関係については、発達障害等の障害のある子どもが虐待を受ける危険性が高いことが指摘されており、育児の難しさなどが背景にあると考えられている。また、虐待を受けた子どもが発達障害の子どもに類似した特徴を示しがちであることが報告されている。発達障害の特徴を安易に虐待と結びつけて考えることは危険であるが、発達障害と虐待の関係性は意識しておく必要があるだろう。

5 ヤングケアラー

　近年になって注目されてきていることとして、「ヤングケアラー」の存在がある。ヤングケアラーについて、日本ケアラー連盟は、「家族にケアを要する人がいる場合に、大人が担うようなケア責任を引き受け、家事や家族の世話、介護、感情面のサポートなどを行っている、18歳未満の子ども」と説明している。障害や病気のある親や高齢の祖父母のケアを行っている子どももいれば、きょうだいや他の親族のケアを行っている子どももいる。障害のあるきょうだいのケアを担っている子どもも、ヤングケアラーである。

　子どもが家族のケアを担うことは、子どもの学校生活にも影響を与えがちである。家で落ち着いて勉強することができない場合には、宿題をすることが難しくなったり、学力面に困難が生じたりすることがある。また、家族のケアのため、学校に時間通りに行けなかったり、学校を休まなければならなかったり、学校の部活動への参加が制約されたりすることもある。学校の友人と遊びに出かけるのが難しいことは、子どもの友人関係に否定的な影響を及ぼすかもしれない。

　ヤングケアラーである子どもたちに関して、教師や学校にまず求められることは、子どもが家族のケアを行っていることについての気づきと理解であろう。家族のケアの状況について、子どもや保護者が自ら教師に話すとは限らない。ケアのことを理解してくれる人が少ないなかでは、本人が周囲に話をしづらいということもある。ケアを担っている子どもが自身の状況を話しやすい環境をつくりながら、子どもたちが抱えている状況に教師が気づけるようにしていくことが求められるだろう。

　重要になるのは、子どもの側の事情を理解しようとする姿勢である。遅刻が多い

ことなどを安易に「本人のだらしなさ」と解釈してしまうと、子どもが直面している困難に気づけなくなってしまう。宿題や課題を期限通りに提出しないことについて、機械的に注意や罰を与えることは、子どもや家庭の実態を把握する契機を逃すだけでなく、子どもの困難を増幅させることになりかねない。子どもが何か「問題」をみせるときには、その背景を考えることが必要である。

なお、ケアを要する親・保護者の存在に目を向けるならば、保護者・家庭に依存するような学校教育のあり方の見直しが求められるだろう。現在の学校教育には、保護者がさまざまな役割を果たすことによって成り立っている側面がある。たとえば、宿題について考えても、宿題をしたかどうかの確認や音読等の立ち会いだけでなく、「丸つけ」までもが保護者に求められることもある。そうした役割を保護者が担いにくい場合には、子どもが困難を抱えることになりかねない。また、PTAの活動を考えても、家庭の状況にそぐわない役割が保護者に求められるならば、保護者が追いつめられ、家庭の困難が増大する可能性がある。現在の家庭の実情を踏まえながら、PTAのあり方を抜本的に問い直すことも必要であろう。

ヤングケアラーに関する調査研究
について（文部科学省，2022）

 ## 6 性的マイノリティ

学校教育のなかでは、「性的マイノリティ」の子どもに対する配慮や支援も求められる。

性に関して「多数派」とみなされない人が、「セクシュアル・マイノリティ」「性的マイノリティ」「性的少数者」などと呼ばれてきた。近年では、Lesbian（レズビアン：女性同性愛者）、Gay（ゲイ：男性同性愛者）、Bisexual（バイセクシュアル：両性愛者）、Transgender（トランスジェンダー：出生時に割り当てられた性とは異なる性自認をもつ人）の頭文字をとった「LGBT」という語や、それにQuestioning（クエスチョニング：自分の性のあり方がわからない・決められない・決めたくない人）やQueer（クィア：性的マイノリティを広く包括する言葉）を加えた「LGBTQ」という語が、よく用いられるようになっている。

自分の性をどのように認識しているかという「性自認（Gender Identity）」や、恋愛や性愛の対象がどのような方向に向かうのかという「性的指向（Sexual Orientation）」は、多様なものである。他者に対する性的欲求をもたない人や、恋愛感情を抱かない人もいる。「SOGI（Sexual Orientation & Gender Identity）」という言葉の使用を伴いながら、性の多様性が認識されるようになってきた。

　しかし、周囲に偏見や無理解が存在するなかでは、「性的マイノリティ」の子どもが苦しい経験をすることになりかねない。「性的マイノリティ」に関しては、いじめ被害にあう子どもが多いこと、自死を考えたことのある子ども・若者も少なくないことが指摘されてきた。

　そうしたなか、文部科学省は、2016（平成28）年に「性同一性障害や性的指向・性自認に係る、児童生徒に対するきめ細かな対応等の実施について（教職員向け）」を公表している。そこでは、「自認する性別の制服・衣服や、体操着の着用を認める」「職員トイレ・多目的トイレの利用を認める」「校内文書（通知表を含む）を児童生徒が希望する呼称で記す」など、「学校における支援の事例」が示されている。

　また、2022（令和４）年に文部科学省が改訂版を公表した「生徒指導提要」においては、「『性的マイノリティ』に関する課題と対応」という節が追加されており、児童生徒が相談しやすい環境の整備、教職員の研修、保護者との連携などについて記されている。

　学校においては、日常の教育活動を性の多様性という観点から振り返ることが求められる。異性愛を前提とする言動、子どもに「男らしさ」や「女らしさ」を求めるような言動、不必要に男子と女子を区別するような言動がないか、考えてみる必要がある。もちろん、性の多様性に関する認識を高めていくような教育・学習の推進も課題である。

| 課題 | ●本章の２節〜６節で扱ったもの以外の種類の「特別な教育的ニーズ」を一つ考え、それについての現状や課題を簡単に整理してみよう。 |

（丸山　啓史）

〈文献等〉
・荒牧重人、榎井緑、江原裕美、小島祥美、志水宏吉、南野奈津子、宮島喬、山野良一（編）（2022）『外国人の子ども白書【第2版】―権利・貧困・教育・文化・国籍と共生の視点から』明石書店
・遠藤まめた（2022）『教師だから知っておきたいLGBT入門―すべての子どもの味方になる

　ために』ほんの森出版
・こども家庭庁（2023）令和3年度 児童相談所での児童虐待相談対応件数
・厚生労働省（2023）2022（令和4）年国民生活基礎調査の概況
・松本伊智朗編著（2013）『子ども虐待と家族―「重なり合う不利」と社会的支援』明石書店
・松本伊智朗編著（2022）『子どもと家族の貧困―学際的調査からみえてきたこと』法律文化社
・文部科学省（2010、2021）学校基本調査
・文部科学省（2014、2019）子供の貧困に関する大綱
・文部科学省（2016）性同一性障害や性的指向・性自認に係る児童生徒に対するきめ細やかな対応等の実施について（教職員向け）
・文部科学省（2022）日本語指導が必要な児童生徒の受入状況等に関する調査結果について
・文部科学省（2022）生徒指導提要
・文部科学省（2022）ヤングケアラーに関する調査研究について
・斎藤真緒、濱島淑恵、松本理沙、公益財団法人京都市ユースサービス協会（2022）『子ども・若者ケアラーの声からはじまる―ヤングケアラー支援の課題』クリエイツかもがわ

コラム⑮ 宿題をどうする?

　大学の教員養成課程の科目のなかでも、「宿題」が話題になることは多くないようです。けれども、学校の宿題は、子どもたちの生活のなかで大きな存在感をもっています。宿題を軽視することはできません。

　宿題について考えるときにも、「特別な教育的ニーズ」という観点が大切になるでしょう。すべての子どもが難なく宿題をこなせるわけではありません。

●子どもの実態はさまざまです
・読むことに困難を抱えていて、音読が大変
・書くことが苦手で、漢字の練習が重荷
・計算がうまくできない

●家庭の状況もさまざまです
・子どもが家で家族のケアをしている
・落ち着いて宿題をする場所が家のなかにない
・保護者は多忙で宿題の援助が難しい
・保護者は日本語が得意でない

　そもそも宿題は本当に必要なのでしょうか。宿題は何のためにあるのでしょう。漢字や計算の練習が必要だとしても、それを学校でしてはいけない理由が何かあるのでしょうか。

　宿題をなくせないとすれば、宿題をどのようにすればよいのでしょうか。宿題はみんなが必ずしなければならないものでしょうか。クラスの子ども全員が同じ宿題をする必要があるのでしょうか。

　従来の「当たり前」を当然のこととせず、子どもや家族の困難が軽減されるような方策を探りたいものです。

〈文献等〉
・丸山啓史（2023）『宿題からの解放—子どもも親も学校も、そして社会も』かもがわ出版

　本書をお読みくださり、ありがとうございます。この1冊を読み終えた今、読者の皆様の頭や心の中にはどのような思考や感情が浮かんでいますでしょうか。ぜひ新たに得た視点を日々の支援の中で実際に活用したり、新たな疑問を解消すべく次なる学びにつなげたりと、本書をきっかけに新たな試行錯誤を続けていっていただけたら幸いです。

　また、そもそもこの本を手に取った時の最初の動機は何だったでしょうか。様々な困難さのある子どもたちの支援をしていると、私たち支援者も、そして保護者の方々も含めて、その子のためを思っていろんな知識や技法を学ぶ一方で、気づけばその知識を当てはめることで、かえってその子の心が見えなくなってしまったり、支援や技法を活用すること自体が目的になってしまったりといった悲しいすれ違いに陥りやすくなります。専門知識は望遠鏡や顕微鏡のようにあるものをより詳しく見せてくれる一方で、使い方を誤れば視野を狭くしたり、目と心にある種のフィルターをかけてしまうものでもあります。ぜひ時々立ち止まって、自分自身や目の前の子どもたちの思いや願いを問いかけ直していただけたらと思います。皆様と子どもたちの願いがいつか実を結びますように。

編著者　榊原久直

　本書の編集を担当し、特別支援教育の現状と将来について深く考える機会を得る中で、特別支援教育が現代の教育システムにおいて果たす役割の重要性を改めて実感しました。特別支援教育は、個々の児童生徒のニーズに応じた教育を展開することで、子どもたちの発達を支援するものです。本書は、そうした支援のための理論と実践的なアプローチを包括的に提供することを目的としています。

　本書では、執筆時点における特別支援教育の最新の情報を紹介し、支援者が直面する様々な状況に対応するための指針を示しています。また、各章の「コラム」はそれぞれの執筆者が読者に伝えたい「想い」を感じ取ることのできる温かいものになっています。本書が、教育関係者を含む多くの支援者にとって特別支援教育の理解を深めるリソースとなり、子どもたちが直面する多様な状況に対応するための支援の一部となることを期待しています。また、教育の未来を担う学生たちにとっても、特別支援教育の重要性を理解し、より適切に支援する力を獲得するための貴重な教材となることを願っています。教育は、常に進化する分野です。本書が、その進化に貢献する一助となれば幸いです。

編著者　鈴木英太

〔編集・執筆者〕 （50音順）

・相澤　雅文（あいざわ　まさふみ）
　京都教育大学　総合教育臨床センター　教授　　…第8章、第10章

・榊原　久直（さかきはら ひさなお）
　京都教育大学　総合教育臨床センター　講師　　…第7章、第13章

・鈴木　英太（すずき　えいた）
　京都教育大学　総合教育臨床センター　講師　　…第7章、第9章

〔執筆者〕

・牛山　道雄（うしやま　みちお）
　京都教育大学　発達障害学科　教授　　　　　　…第6章

・小谷　裕実（こたに　ひろみ）
　京都教育大学　発達障害学科　教授　　　　　　…第11章、第12章

・佐藤　克敏（さとう　かつとし）
　京都教育大学　発達障害学科　教授　　　　　　…第1章、第2章、第3章

・佐藤　美幸（さとう　みゆき）
　京都教育大学　発達障害学科　准教授　　　　　…第4章、第5章

・丸山　啓史（まるやま　けいし）
　京都教育大学　発達障害学科　准教授　　　　　…第14章、第15章

〔監修紹介〕

・京都教育大学教育創生リージョナルセンター機構　総合教育臨床センター

　2019（平成31）年に「特別支援教育臨床実践センター」と「教育臨床心理実践センター」とが統合され開設。総合教育臨床センターには特別支援教育臨床実践拠点（京都府・京都市等の教育委員会や医療機関、福祉機関と連携し、地域の障害のある幼児児童生徒を対象とした発達相談や教職員への研修等を実施）と、教育臨床心理実践拠点（教育臨床心理に関する教育・研究・支援に関する事業を推進）とが置かれ、発達面や心理面の支援に取り組んでいる。

　https://www.kyokyo-u.ac.jp/Ccce/

・学びサポート室

　2022（令和4）年に総合教育臨床センターに開設。「幼児児童生徒育成支援部門」「他機関及び地域連携支援部門」「キャリア発達支援部門」「知的ギフテッド教育支援部門」のスタッフによる専門的な視点から、特別な配慮を要する幼児児童生徒への支援や教職員等への理解推進を行う。

　https://www.kyokyo-u.ac.jp/Ccce/2022/04/post-26.html#content

**新訂版
教員になりたい学生のための
テキスト特別支援教育**

2024年3月25日　初版発行

監　　　修●ⓒ京都教育大学教育創生リージョナルセンター機構
　　　　　　総合教育臨床センター
　　　　　　（特別支援教育臨床実践拠点・学びサポート室）
編集・執筆●相澤雅文・榊原久直・鈴木英太
発行者●田島英二
発行所●株式会社 クリエイツかもがわ
　　　　　〒601-8382 京都市南区吉祥院石原上川原町21
　　　　　電話 075（661）5741　FAX 075（693）6605
　　　　　http://www.creates-k.co.jp　info@creates-k.co.jp
　　　　　郵便振替 00990-7-150584
装丁・デザイン●菅田　亮
装丁イラスト● Normform / stock.adobe.com
印刷所●モリモト印刷株式会社
ISBN978-4-86342-367-1 C0037　　　　　　　　　printed in japan

京都発　高等学校における
特別支援教育のこれから
持続可能な支援にむけて

京都教育大学教育創生リージョナルセンター機構
総合教育臨床センター（特別支援教育臨床実践拠点）／監修

相澤雅文／編

京都の高等学校の先駆的な取り組み

近年、高等学校の特別支援教育の取り組みは広がりをみせてきた。
様々な教育的ニーズに対応した複数候補からの選択、入学の仕組みの工夫、入学後の適切な支援などをそなえた高等学校が全国で設置されている。

文部科学省のモデル事業の成果や、現状への課題意識からの調査研究などを含めた、特色ある学校づくりを紹介。

CONTENTS

第 1 章　高等学校における特別支援教育の展開
第 2 章　思春期・青年期の発達障害児へのライフスキルトレーニング
第 3 章　高等学校における特別支援教育の実践
　1　京都府立清明高等学校─通級指導教室の展開
　2　京都市立京都奏和高等学校
　3　学校法人光華女子学園京都光華高等学校─達成感・自己肯定感を高める
　4　京都市「高校通級特別支援チーム」
　5　高等学校におけるユニバーサルデザインとしての授業展開
　　─古典教材作成を通しての検討
　6　高等学校における校内支援体制
　7　高等学校と知的障害特別支援学校との「交流及び共同学習」

B5 判・132 ページ　1980 円（税込）